THE CHINESE ECONOMY: LESSONS AND INTERPRETATION

蔡昉 著

实践探索与学理解说

四川人民出版社

图书在版编目（CIP）数据

中国经济：实践探索与学理解说 / 蔡昉著. —成都：四川人民出版社，2021.1
ISBN 978－7－220－12081－7

Ⅰ.①中… Ⅱ.①蔡… Ⅲ.①中国经济－研究 Ⅳ.①F12

中国版本图书馆 CIP 数据核字（2020）第 239297 号

ZHONGGUO JINGJI SHIJIAN TANSUO YU XUELI JIESHUO
中国经济：实践探索与学理解说
蔡　昉　著

出 版 人	黄立新
统筹策划	章　涛
特约编辑	陈　欣
责任编辑	张东升　任学敏
责任设计	戴雨虹
封面设计	叶　茂　李其飞
责任校对	邹　近　王卓熙
责任印制	李　剑
出版发行	四川人民出版社（成都市槐树街 2 号）
网　　址	http://www.scpph.com
E-mail	scrmcbs@sina.com
新浪微博	@四川人民出版社
微信公众号	四川人民出版社
发行部业务电话	（028）86259624　86259453
防盗版举报电话	（028）86259624
照　　排	四川胜翔数码印务设计有限公司
印　　刷	成都东江印务有限公司
成品尺寸	160mm×230mm
印　　张	21.25
字　　数	210 千
版　　次	2021 年 1 月第 1 版
印　　次	2021 年 1 月第 1 次印刷
书　　号	ISBN 978－7－220－12081－7
定　　价	80.00 元

■版权所有·侵权必究

本书若出现印装质量问题，请与我社发行部联系调换
电话：（028）86259453

前　言

本文集收录了我于 2019 年至 2020 年上半年撰写并在各种报刊上发表的一些学术短论。这些短论有什么特殊之处呢，或者说将其结集出版，除了敝帚自珍之外还有其他更充分的理由吗？总体来说，收录的文章有两个特点，突出反映了每一篇文章的写作目的。其一，与专业性的学术论文不同，这些文章都不是长篇大论，也尽可能避免使用过多的专业术语，多以三千字左右的篇幅，以通俗的语言阐述学术观点。其二，这些文章的选题具有一定的时效性，或者是在某个重要的时间节点上，针对某个重要专题进行评论，或者是对发生的重要经济事件进行解读。相应地，从选入的文章内容来看，一类是阐释党和国家相关重大战略和经济政策，另一类则是把我本人在研究中得出的结论介绍给更为广泛的读者。所以，本文集的出版便是希望能够从这两个角度对读者有所裨益。

在这些文章写作期间，中国经历了一系列重大事件，值得大书特书或者深入探讨。首先，2019年欣逢中华人民共和国成立70周年。新中国走过的光辉历程、取得的伟大成就、产生的世界意义和积累的宝贵经验，值得研究者从各个学科的角度进行总结和提炼，并尝试讲清楚其中蕴含的道理、学理和哲理。其次，这期间也正值"十四五"规划和2035年远景目标的制定，党中央和国务院采取开门问策的方式集思广益，作为智库工作者，我在相关的研究领域建言献策也是义不容辞的责任。最后，2020年的新冠肺炎疫情，是新中国成立以来在我国发生的传播速度最快、感染范围最广、防控难度最大的重大突发公共卫生事件，也造成对我国经济的严重冲击，需要经济学家咨政建言。

这本文集包含的正是针对这些事件写作的文章。鉴于这些文章具有一定的时效性，有些表达和语气可能时过境迁，但是，为了保持其写作时的语境，在编辑中大多数情况下没有修订和更新，尽可能保持了原汁原味。同时，我在分析特定问题时所涉及的知识背景以及采用的方法论框架，应该说仍然有着经济学研究的一般性特质。因此，本文集的出版也希望对读者有所裨益，也衷心地欢迎读者对错误之处予以批评。在文集出版之际，我要特别感谢四川人民出版社的领导和责任编辑，他们对我的研究成果的厚爱以及对编辑出版工作的严肃认真态度，使我深为感动。

蔡　昉

2020年12月8日于北京

目 录

第一编 中国经验的溯往鉴今

中国经济发展70年礼赞 …………………………………（ 3 ）
新中国70年奋斗的启示 …………………………………（ 11 ）
不断深化对工业化规律的认识 …………………………（ 19 ）
70年发展的回声：最大最快的人口转变 ………………（ 28 ）
得之不易的稳就业、惠民生成绩 ………………………（ 35 ）
积极就业政策3.0 ………………………………………（ 39 ）
保障和改善民生重在制度建设 …………………………（ 51 ）
改革开放与城市化经验 …………………………………（ 58 ）

第二编 维护经济全球化

顺应发展阶段变化的经济学新思维 ……………………（ 67 ）

中国经济发展的世界意义 …………………………………（71）
经济全球化是不可阻挡的历史潮流 ……………………（82）
全球化：从广泛参与到多边治理 …………………………（87）
为构建更加紧密的中非命运共同体贡献智库力量 ……（91）
胸怀两个大局，发展中非关系 …………………………（97）
哪些因素扭曲全球供应链？ …………………………（102）
应彻底摒弃"涓流经济学" ……………………………（113）
"后疫情"时期世界经济复苏前景看中国 ……………（117）

第三编　政策思考与展望

深化改革要进一步处理好政府和市场的关系 …………（123）
工欲善其事：如何合理调整宏观经济政策工具箱 ……（130）
以确保民生为着眼点平衡多重目标 ……………………（139）
探讨脱贫攻坚战略的"后 2020 升级版" ………………（146）
坚决打赢脱贫攻坚战是全面建成小康社会的最核心目标
　……………………………………………………………（151）
"十四五"时期应大幅度提高再分配力度 ………………（160）
坚持扩大内需战略基点，促进形成新发展格局 ………（166）

第四编　开启增长新引擎

认识中国经济的三个经济学范式 ………………………（179）

中国经济寻求长期可持续增长的关键 …………… (189)
阻断递减曲线，应对老龄挑战 ………………… (202)
创造第二次人口红利的政策抓手 ……………… (212)
优化人力资本，冲刺高收入阶段 ……………… (216)
农业劳动生产率是城乡融合发展的基础 ……… (222)
开启新动能：大湾区建设与高质量发展 ……… (235)
如何平衡"飞龙"之两翼 ………………………… (243)
认识与发挥超大规模消费市场作用 …………… (247)
不解决激励不相容问题，环保政策难以落地 … (254)
凝聚和培养企业"向上的力量" ………………… (258)

第五编 应对风险挑战

在防范化解风险中织密织牢民生保障网 ……… (263)
大流行疫情的性质和经济复苏对策 …………… (271)
打赢疫情防控战，实现经济社会发展目标 …… (277)
稳定就业就是稳定经济大局 …………………… (285)
坚决打好稳定就业的攻坚战 …………………… (295)
流行病学曲线决定经济复苏轨迹 ……………… (304)
从"K"字形复苏看社会政策的重要性 ………… (308)
发挥超大规模市场优势 实现经济社会发展目标 …… (313)
"六稳"到"六保"的民生主线 ………………… (321)
关于疫情经济影响和应对建议 ………………… (328)

第一编

中国经验的溯往鉴今

第一篇

中国乱的的先生命

中国经济发展 70 年礼赞

孔子在谈到人的 70 岁年龄时说：七十而从心所欲，不逾矩。将其用来形容中华人民共和国 70 年的经济发展道路和成就，可以引申解读为经过长期探索认识了一般发展规律，同时也形成具有自身特色的发展道路。回顾和理解共和国的经济发展历程，应该把新中国成立 70 年、改革开放 40 年和党的十八大以来三个时期有机衔接起来。从毛泽东提出的社会主义现代化，到邓小平规划的三步走战略，再到习近平提出中华民族伟大复兴的中国梦，既是一脉相承的，也是在实践探索基础上认识不断深化的过程。

一、70 年经济发展辉煌历程

70 年前，毛泽东主席在政协第一届全体会议的开幕词中庄严宣告：占人类总数四分之一的中国人从此站立起来了。新中国由此开始了独立自主的经济建设。不仅在短时期内恢复了经济，使人民生活迅速改善，大幅度降低了死亡率，而且在新中国成立之初就提出了建设社会主义现代化强国的目标，大力推进工业化。在1975年第四届全国人民代表大会第一次会议上，政府工作报告正式表述了"四个现代化"——"全面实现农业、工业、国防和科学技术的现代化"。

在改革开放之前的30年里，中国选择实施计划经济模式，以此动员全国资源加快进行国家工业化。1953年，全国83.1%的劳动力从事农业生产，工业就业仅占8.0%，工业增加值占国内生产总值（GDP）比重仅为17.6%。"一五"期间，工业总产值实际增长81.0%，工业增加值占GDP比重在"一五"结束时增加到23.2%，提高5.6个百分点。直到改革开放前夕，国家工业化水平不断提高，工业增加值占GDP比重在1978年达到44.1%。可以说，改革开放前20多年奠定了中国工业现代化的基础，形成了门类比较齐全的工业体系。

与此同时，计划经济也造成了资源配置效率低下、劳动和生产积极性不足、经济结构失调等弊端。特别是一系列政治运动干扰了经济建设，使得中国经济未能在新中国的前30年里实现对发达国家的赶超，反而落后于世界的潮流。这一时期的"大跃进"和十年"文化大革命"更是对国民经济造成巨大的损害，最终使人民生活水平改善甚微。到改革开放前夜的1978年，全国农村有约2.5亿人口未能解决温饱问题。

正视计划经济时期的错误和挫折，中国共产党又一次拿起手术刀革除自身病症，靠自己解决自身的问题。1978年12月13日，邓小平同志在中央工作会议闭幕会上发表讲话，振聋发聩地指出："如果现在再不实行改革，我们的现代化事业和社会主义事业就会被葬送。"从此中国进入改革开放这个崭新的年代。改革开放就是革除病症，消除一切阻碍生产力提高、国力增强和人民生活水平改善的体制障碍。改革开放的成就证明一个道理：贫穷不是社会主义。

1978—2018年期间，中国的国内生产总值（GDP）年平均实际增长率高达9.4%，是同期世界上最快的增长速度。按照世界银行数据，以2010年不变价计算，1978年中国人均GDP仅相当于撒哈拉南部非洲低收入国家平均水平的21%，属于典型的低收入国家。随着高速增长的持续，中国于1993年跨入中等偏下收入国家行列，2009年跨入中等偏上收入国家行列。2018年，中国现价人均GDP达到近万美元，离高收入国家的门槛已经近在咫尺。

1981年生活在世界银行绝对贫困标准（按2011年购买力平价计算每天低于1.91美元）以下的全球人口共18.9亿，其中中国为8.8亿，占世界贫困人口的46.4%。2015年，全球贫困人口减少到7.5亿，中国则只剩下960万，仅占全球贫困人口的1.3%。这期间，中国对世界减贫的贡献高达76.2%。实际上，2015年之后中国按照高于世界银行的标准实施农村脱贫攻坚战略，2018年年末，全国农村贫困人口仅剩1660万人，贫困发生率1.7%，可以说中国总体上已经消除了世界银行标准下的绝对贫困现象。

英国古典经济学的先驱大卫·休谟在1742年曾经预言，当艺术和科学在一个国家达到至真至善之后，艺术和科学将不可避免地走向衰微，此后极少甚至永远不会在同一国家得到复兴。历史上，中华文明曾经达到过辉煌的高峰，工业革命以后中国的发展却衰落了。直到新中国成立以后特别是改革开放以来，中国发展才再创辉煌。迄今为止中国各个领域发展创造的奇迹，已经在不断打破这个"休谟预言"。

二、改革开放发展分享的经验

2012年11月15日，习近平总书记在会见采访党的十八大的中外记者时指出，人民对美好生活的向往，就是我们的奋斗目标。这准确表述了以人民为中心的发展思想。没有这个以人民为中心的发展思想和奋斗目标，就做不到"拿起手术刀来革除自身的病症"，也就没有改革开放这一伟大觉醒和关键一招。以此为出发点，中国70年的经济发展道路固然有曲折，曾经付出沉重的代价，也注定会一次次拨乱反正，不断修正前进的方向。

首先，适应国情坚持走自己的路，而不是照抄照搬任何先验的模式。形成于西方发达国家的经济理论和政策教条，常常被作为万应灵药推荐给发展中国家或转轨国家。在改革方式上，来自西方的顾问们认为市场化可以像宇宙大爆炸一样一下子建成,以不可能分两步跨过同一条壕沟为依据,推荐各种版本的"休克疗法";在改革内容上,从西方经济学中归纳出若干其实没有共识的"共识"(如华盛顿共识),建议以之为圭臬实施改革。很多发展中国家和转轨国家为此付出了惨痛的代价。

中国从改革开放伊始,便没有接受任何先验的教条,不照搬任何既有的模式或所谓共识,而是服从于发展生产力、提高国力和改善民生的根本目的,坚持了渐进式改革方式,秉持了改革促发展、发展维稳定、边改革边分享的理念,走出了符合自身国情的独特改革开放之路。

其次,顺应人类社会发展大势,坚定不移推动改革和开放,以此促进发展和共享。在从国情出发的同时,中国的改革开放也符合一般发展规律。第一步,废除人民公社体制、对国有企业放权让利和建立现代企业制度、发展多种所有制和混合经济,通过这一系列改革,激活了"点石成金"的激励机制,调动了各方面的积极性。第二步,清除各种阻碍劳动力等生产要素流动的体制障碍,展开资源重新配置过程,按照提高劳动生产率的方向调整产业结构。第三步,通过建立经济特区、开放沿海城市和沿海省份、加入世界贸易组织等一系列举措,全方位参与全球价值链分工。这三步把这个时期特有的人口红利转化为产业比较优势,进而实现高速经济增长。

最后,坚持追求自己人民的梦想,保持历史耐心和战略定力。中国特色并不意味着就不具备一般意义。概述中国改革开放发展分享的过程，可以看到其中体现的内在逻辑，从中提炼出一个寻求赶超的国家，应该如何发现并遵循哪些必要的步骤，创造出经济发展基本条件的智慧。在政治和社会稳定的前提下，能够更好统一认识，在社会政策上把握好基调，通过体制机制建设和政策体系安排，既防止了片面追求增长而忽视民生的做法，也避免了一味承诺、过度福利化的民粹主义倾向，打破了做大蛋糕和分好蛋糕的两难。

三、如何走好经济发展新征程

按照党的十九大确定的时间表，在庆祝中华人民共和国成立70周年之后，2020年我们将全面建成小康社会、实现第一个百年奋斗目标，随后就要乘势而上开启全面建设社会主义现代化国家新征程，向第二个百年奋斗目标进军。可见，中国正处在"两个一百年"奋斗目标交汇的历史时点上，面对着实现中华民族伟大复兴的千载难逢机遇。

2018年中国的人均GDP已经达到9771美元。以相同的增长速度推算，2020年预计达到12158美元。按照世界银行的分组标准，人均GDP超过12235美元就进入了高收入国家的行列。这就是说，全面建设社会主义现代化国家的新征程，将以没有绝对贫困人口的高收入国家姿态起步。然而，新征程不会是充满鸟语花香的坦途，实现宏伟目标必须应对一系列严峻的挑战。

首先，避免"中等收入陷阱"。跨入高收入国家门槛并不意味着可以高枕无忧，"中等收入陷阱"这个命题仍将具有针对性。根据国际经验，这个"陷阱"恰是针对处于中等偏上收入阶段或者刚刚跨入高收入国家行列的情形。2018年高收入国家人均GDP的平均值为44706美元，乍入门槛的收入水平距离这个平均水平尚有巨大的差距。在更高的发展阶段上，传统的增长源泉逐渐弱化，亟待把经济发展方式从要素驱动型转向创新驱动型。只有继续扩大改革开放才能为开启新的增长引擎创造必要环境。

其次，纾解"成长中的烦恼"。在更高的发展阶段上，市场机制本身的收入分配改善效应将会减弱。在增长模式从投入型转向创新型的情况下，生产率提高的源泉也从产业之间的资源重新配置转向经营主体之间的优胜劣汰，创造性破坏机制的作用将增强；在更高的发展阶段参与全球价值链分工，与发达国家之间的竞争效应会大于互补效应；改革开放越是深入，帕累托改进的空间越小，可能遇到的既得利益阻碍越多。这些都要求在以人民为中心的发展思想统领下，把包容性体现在进一步改革开放发展的全过程，加大政府再分配力度，发挥社会政策托底功能。

最后，应对"修昔底德效应"。随着中国从经济大国转变为经济强国，科技发展水平也日益走向世界前沿，正如古希腊历史学家修昔底德描述的那样，守成的霸权国家会从嫉妒、猜疑和恐惧心态出发，转而形成掣肘、打压和遏制行动。即便可以在各方努力之下对摩擦进行管控，防止激烈冲突和战争，避免最坏情形下的"修昔底德陷阱"，以遏制为出发点，霸权国家把不公平的条件施加在科技和软实力的竞争之中，则是非我所能掌控的，故称之为修昔底德效应。应对的办法，一方面是做好自己的事情，坚持扩大改革开放，保持经济的持续健康发展；另一方面充分展示中国和平发展的愿望和诚意，用多边主义方案破解单边主义行径，维护好经济全球化。

新中国 70 年奋斗的启示

习近平总书记在庆祝中华人民共和国成立 70 周年大会上指出："70 年来，全国各族人民同心同德、艰苦奋斗，取得了令世界刮目相看的伟大成就。今天，社会主义中国巍然屹立在世界东方，没有任何力量能够撼动我们伟大祖国的地位，没有任何力量能够阻挡中国人民和中华民族的前进步伐。"回顾和理解中华人民共和国的光辉历程、伟大成就和宝贵经验，应该把新中国成立 70 年、改革开放 40 年和党的十八大以来三个重要历史时期凸显出来进行考察，弄清楚前后承继创新的有机联系和发展逻辑。从毛泽东主席提出的社会主义现代化，到邓小平同志规划的三步走战略，再到习近平总书记提出中华民族伟大复兴的中国梦，既是一脉相承的，也是在实践探索基础上认识不断深化、与经济社会发展阶段紧密结合提出的宏伟目标。

在实现宏伟目标的过程中，通过把握历史发展大势，不断总结经验教训和修正错误，抓住历史变革时机，党领导人民团结奋斗，经过了 70 年光辉历程，创造了人类历史上罕见的发展奇迹，积累了有益的经验并上升为中国智慧，产生了与中国日益提高的国际地位相匹配的世界意义。中国智慧和中国方案不仅对于我们自身进一步前行弥足珍贵，也是对人类社会发展规律探索的中国贡献。

一、新中国成立 70 周年取得的伟大成就

1949 年新中国成立，结束了半殖民地半封建社会的历史，中国人民从此站了起来，从此不断创造伟大的成就。在前 30 年期间取得的成就为改革开放时期的发展奠定了不可低估的物质基础。

1952—1978 年期间，中国 GDP 的年均实际增长率为 4.4%，略快于当时被定义为高收入国家的增长速度（4.3%），改变了长期增长停滞的状况。这个时期中国经济和人民生活水平，从纵向比较来看发生了天翻地覆的变化；然而，如果进行横向的比较，仍然落后于世界的发展。实行高度集中的计划经济体制，造成了劳动和生产积极性不足、资源配置效率低下、经济结构失调等诸多弊端。

改革开放以来的 1978—2018 年期间，中国的 GDP 年平均实际增长率高达 9.4%，是同期世界上最快的增长速度。而在世界经济发展的其他历史时期，也未见在如此长的时间里以如

此快的速度增长的先例。例如，此前增长速度最快且持续时间最长的案例要数韩国和新加坡，这两个国家在1965—2005年增长最快的40年中，年平均增长率也分别只有8.6%和8.1%。史无前例的高速增长，使中国的经济发展水平在40年中实现了奇迹般的赶超。根据世界银行数据，从人均GDP来看，1978年中国属于典型的低收入国家。随着改革时期高速增长的持续，中国于1993年跨入中等偏下收入国家行列，继而在2009年跨入中等偏上收入国家行列，并同时在经济总量上超过日本成为世界第二大经济体。2018年，中国现价人均GDP达到近万美元，离高收入国家的门槛已经近在咫尺。

更为世人所瞩目的是中国减贫事业取得的成就。1981年生活在世界银行绝对贫困标准（按2011年购买力平价计算每天低于1.91美元）以下的全球人口共18.9亿，其中中国贫困人口高达8.8亿，占世界贫困人口的46.4%。2015年，全球贫困人口减少到7.5亿，中国则只剩下960万，仅占全球贫困人口的1.3%。这期间，中国对世界减贫的直接贡献高达76.2%。实际上，2015年之后中国按照高于世界银行的标准继续实施农村脱贫攻坚战略，2018年年末，全国农村贫困人口仅剩1660万人，贫困发生率为1.7%。

在新中国成立以来的70年中，中国社会生产力的提高、综合国力的增强和人民生活水平的改善，都显现出历史性跨越的特点，创造了人类发展历史上罕见的奇迹。从社会生产力和综合国力来看，新中国成立以来，实现了一系列从独立自主的

"第一次"到进入世界科技前沿行列的飞跃。例如，从天安门广场建筑群、国家体育场（鸟巢）到北京大兴新机场，从南京长江大桥、北京地铁1号线、青藏铁路到港珠澳跨海大桥，从黄河小浪底水利枢纽工程、长江三峡水利枢纽工程、西气东输到南水北调工程，从人工牛胰岛素合成、杂交水稻到抗疟药青蒿素和双氢青蒿素，从"两弹一星"、天宫二号、量子科学实验卫星"墨子"到嫦娥四号月背软着陆，从北斗卫星导航系统到第五代移动通信网络，从高铁、公路成网到C919大飞机，科技创新成果数不胜数。

从毛泽东主席到邓小平同志，在不同的年代都强调中国应该对于人类做出比较多的贡献。习近平总书记指出，中国共产党始终把为人类做出新的更大的贡献作为自己的使命。党的十八大以来，我国日益走近世界舞台中央，习近平总书记倡导构建人类命运共同体的思想，被写入多个联合国文件。实施共建"一带一路"倡议，发起创办亚洲基础设施投资银行，设立丝路基金，举办两届"一带一路"国际合作高峰论坛、亚太经合组织领导人非正式会议、二十国集团领导人杭州峰会、中非合作论坛北京峰会等一系列重大主场外交活动。中国为人类社会发展、世界和平与发展做出新的更大贡献，国际影响力、感召力、塑造力进一步提高。

二、新中国成立70周年的世界意义

2014年，习近平总书记在庆祝中华人民共和国成立65周年招待会上的讲话中指出："65年来，中国由新民主主义走向社会主义，开创和拓展中国特色社会主义道路，使社会主义这一人类社会的美好理想在古老的中国大地上变成了具有强大生命力的成功道路和制度体系。这不仅为中华民族实现伟大复兴提供了重要制度保障，而且为人类社会走向美好未来提供了具有充分说服力的道路和制度选择。"党的十八大以来，中国经济因其持续健康增长、规模扩大和全球占比提高，日益走近世界舞台中央，对世界经济产生越来越大的影响，也应当对于人类做出新的更大贡献。

自从41年前开始改革开放以来，中国步履稳定地成为世界上独一无二经济规模足够大、增长速度足够快、不仅改变了自身面貌也改变了世界经济格局的国家。可以说，中国作为世界经济的发动机和稳定器，促成了全球百年未有之大变局。以中国为主体的新兴经济体乃至更多发展中国家的经济赶超，使得以往只是理论上成立的全球经济趋同，成为世界经济发展的现实，世界经济多极化的格局相应形成。1978—2018年期间，低收入和中等收入国家的GDP全球占比从22.2%提高到36.3%，中国GDP在低收入和中等收入国家经济总量中的比重，则从5.0%提高到36.0%。在这个时期，按不变价计算，全部低收入和中等收入国家GDP总额扩大了四倍，其中中国的贡献高达 43.4%。

除了以物质产出的方式对世界经济做出贡献之外，得以创造中国奇迹的改革开放经验和促进发展理念，以及随之而来的对规则制定的话语权、对发展观念的有益见地和对循例的建设性建议，都是对世界经济的公共品贡献。中国并不谋求世界经济霸权，也不输出自己的发展模式，但是，作为拥有世界第二大经济体、第一大工业国、第一大货物和服务出口国、第二大货物和服务进口国，以及第一大外汇储备国等地位的经济大国，中国义不容辞对世界经济稳定与增长做出贡献，同时反映自身及广大发展中国家特别是新兴经济体关于国际经贸规则的诉求，引领全球化治理方式的转变。由于以下几个突出特征，中国的发展及其经验、智慧、方案对于世界的意义尤其重要。

首先，中国拥有世界上最大规模的人口，2018 年约为世界总人口的 18.3%，占人类近五分之一的中国人民创造的成就对世界意义的显著性和一般意义，是其他国家经验所无可比拟的。邓小平同志指出："只要中国不垮，世界上就有五分之一的人口在坚持社会主义。我们对社会主义的前途充满信心。"中国智慧和中国方案拓展了发展中国家走向现代化的途径，给世界上那些既希望加快发展又希望保持自身独立性的国家和民族提供了全新选择。

其次，中外各个学科领域的研究者都具有探索国家兴衰之谜的学术责任和好奇心，中国奇迹的创造在时间上是高度浓缩的，与许多发达国家历史过程相比是在极短的时间里完成的。

而吸引众多学者尝试回答的关于中国科技（发展）为什么由盛至衰的李约瑟之谜，也是经济史学中同样著名的、旨在探索为什么16世纪以来世界经济发展出现大分流这样一个谜题的中国版本。这说明中国发展经验同样具有人类发展规律的普遍意义。

最后，中国是迄今为止唯一经历了经济发展由盛至衰再至盛，并且接近于完整经历经济发展的每一个阶段，从低收入、中等偏下收入、中等偏上收入阶段，即将跨入高收入国家行列的大国。在长达两千多年的时间里，以GDP占全球经济的份额、人均GDP相对于世界平均水平的百分比所表示的中国经济的世界地位，经历了一个明显的"V"字形变化轨迹。特别是由经济总量和人均收入水平表达的中国经济由衰至盛的后半程，无论从时间之短暂还是从规模之巨大来看，都堪称人类发展历史上的奇迹。

爱因斯坦曾说：复利是人类的第八大奇迹。从复合增长率的角度，把中国改革开放时期的经济增长，与工业革命以来几个高速成长大国（英国、美国和日本）在相应时期的增长表现进行比较，可以进一步突出这个"中国奇迹"是独一无二的。例如，作为工业革命的故乡，英国在历史上增长最快时期，按照平均预期寿命算，一个人终生可以经历56%的生活水平改善。英国的这一增长表现，已经是对绵延数千年"马尔萨斯贫困陷阱"的第一次突破。继英国和其他西欧国家之后，美国成为又一个现代化强国。在其最快增长时期，一代美国人终其一生，生活水平可以达到近一倍的改善。日本是亚洲第一个成功赶超、实现了现代化的国家。在其增长最快时期，一个1950年出生的日本人，平均经历的生活水平可预期提高近10倍。

自20世纪80年代初起，改革开放把中国推进高速增长的轨道。1981年出生的中国人平均预期寿命为68岁。在1981—2018年的37年期间，中国的人均GDP年均增长率为8.6%，也就是说每个中国人平均已经享受到20余倍的生活水平改善。并且在此之后，人均GDP仍将保持持续增长势头，不难想象，到2049年即中华人民共和国成立100周年之际，一个典型的"80后"中国人终其一生，会经历怎样的收入水平提高。

不断深化对工业化规律的认识

虽然在中华人民共和国成立之前,中国已经存在一定比重的工业经济,然而,真正意义上的工业化是从新中国第一个五年计划时期开始的。1953年,全国83.1%的劳动力从事农业生产,工业就业仅占8.0%。同年,反映工业化水平的指标工业增加值占国内生产总值(GDP)的份额仅为17.6%。在第一个五年计划期间,工业总产值实际增长81.0%,工业增加值占GDP的比重增加到23.2%,提高了5.6个百分点。直到改革开放前夕,工业化水平保持不断提高,在1978年达到44.1%的最高点。

可以说,改革开放之前的20多年奠定下中国工业的基础,形成了门类比较齐全的工业体系。在改革开放40年的时间里,工业化过程的推进特点则是按照比较优势原则矫正过重的工业经济结构,从提高经济活力的目的出发调整所有制结构,最终使中国工业在对应的产业价值链中获得了国际竞争力。目前，中国拥有世界第一大工业国，以及以制造业产品出口为主要特征的第一大货物贸易国的地位。

在不同的经济发展时期，中国工业化分别取得了与发展阶段相对应的成就。不过，在改革开放之前，以重工业优先发展方式推动的工业化，违背了比较优势原则，付出了昂贵的代价，也得到了值得汲取的教训。改革开放时期，工业化进程不仅迅速而且持续健康，积累了丰富的成功经验。在庆祝中华人民共和国成立70周年之际，中国工业化的故事不仅值得大书特书，而且应该从理论层面进行总结，深化我们对工业化规律的认识，并将其上升为发展经济学的中国智慧，形成可供发展中国家借鉴的中国方案。

一、转向发挥资源比较优势

实现工业化是经济发展的一般规律。一个起步于贫穷落后的国家，经济建设最主要的任务就是改变农业经济为主的经济结构，加快工业化进程。在整个计划经济期间，党和国家都把这个任务放在重要的位置。例如，中国第一个五年计划的基本任务，第一条就是"为国家工业化打下基础"。但是，在推进什么样的工业化、如何推进工业化的规律认识上，计划经济的理论没有给出正确的答案，计划经济的实践也付出了巨大的代价。在改革开放时期，中国的工业化更加自觉地遵循经济发展的一般规律，实现了从认识到实践的重要转变，既取得了举世瞩目的实践成就，也形成了在一个后起国家推进工业化的发展经济学理念。

最重要的实践历程和认识深化，就是在改革开放条件下，中国工业化道路实现了从重工业优先发展到发挥资源比较优势的转变。新中国成立之后，中国的工业化战略就确定为重工业优先发展。当时，实施这一战略有其特定历史条件下的合理性。西方国家封锁形成诸多发展的瓶颈，必须靠优先发展重工业来打破。众所周知的例子是石油工业。作为一个不可或缺却被卡了脖子的战略性产业，自力更生实现石油自给自足，在当时的环境下既是不得已而为之，也是不可不为的事情。与此类似的还有化学工业、电子工业、核工业和航天工业，正是由于赋予了更高的优先地位，才实现了突破性的发展。

然而，全面实施重工业优先发展战略，造成轻重工业比例失调。在1952—1978年期间，轻工业总产值年均增长率为8.4%，重工业总产值年均增长率为12.1%，重工业增长速度比轻工业快了44.2%。结果是重工业比重从35.5%大幅度提高到56.9%。这种结构失衡造成资源比较优势未能得到发挥、资源配置扭曲以及工业企业的低效率，也抑制了工资的提高，使投资与消费比例失调，与生活必需品的严重短缺一道，导致人民生活水平长期未得到改善。例如，在1957—1976年期间，国有独立核算工业企业的资金利税率，从34.6%降低到19.7%，同期工业企业职工平均货币工资由650元下降到585元。

另一个对发展规律的违背,是工业化与城镇化的脱节。重工业具有资本密集度高的特征,因而该产业的优先发展,与劳动力丰富这一资源禀赋特点形成矛盾,非农产业就业岗位创造未能与工业比重提高相伴而生。并且,重工业发展的产业配套要求不明显,因而从产业布局的角度看,区域辐射功能未获充分发挥,都导致在工业化推进的过程中城镇化严重滞后。城镇化率在 1960 年 19.7% 的基础上,长达十年没有提高,直到 1981 年才恢复到起点水平。

改革开放以来,从工业增加值占 GDP 比重来看,似乎工业化率再没有回归到 1978 年的水平,但是这一时期的工业化更加健康并且符合发展规律。随着产品价格和要素价格的扭曲得到矫正、市场配置资源范围的扩大、经济主体的多元化,以及逐步扩大的对外开放,中国的工业化转向发挥资源比较优势的发展路径。20 世纪 80 年代工业化率的下降,实际上是工业经济结构的一种调整,其间轻工业增长快于重工业,矫正了畸重的产业结构。在 90 年代期间,轻重工业开始均衡发展。21 世纪以来,随着资源比较优势的变化,以及实施区域均衡发展战略过程中基础设施投资的加强,从产值增长速度来看重工业再次快于轻工业。

总体而言,改革开放时期工业化的特点,是劳动密集型产业获得更快的发展,吸纳了大量农业剩余劳动力,一方面,推动了城镇化进程,促进资源重新配置并提高了全要素生产率,另一方面,制造业发展把丰富的劳动力转化为资源比较优势和国际竞争力，凭借自身资源禀赋立足全球产业链，中国成为世界制造业中心。从1979年创立经济特区、20世纪80年代实施沿海开放战略到全方位对外开放，及至20世纪90年代，为加入世界贸易组织做出努力，开始了全方位地拥抱经济全球化，中国的工业化也是对外开放的过程。通过引进外商直接投资、扩大对外贸易等开放形式参加全球产业分工，中国已经稳居世界第一大工业国、第一大货物贸易国以及第一大外汇储备国等地位，多年来对世界经济增长的贡献率保持在30%左右。

二、作为现代化的有机组成部分

早在改革开放之前，党和国家就提出了建设社会主义现代化强国的目标，在1975年第四届全国人民代表大会第一次会议上，周恩来总理把这一目标表述为"全面实现农业、工业、国防和科学技术的现代化"即"四个现代化"。但是，改革开放之前四个现代化之间的关系实际上是被割裂的，也未在整体上实现关键的跨越。新中国70年工业化历程告诉我们，改革开放之前走的弯路和付的代价，都是由于没有处理好工业化与城镇化、"三农"发展和技术进步的关系；改革开放时期的工业化健康推进，则是在调整产业结构、协调各种关系中实现的。

遵循两个规律即发挥劳动力丰富的比较优势和利用产业集聚产生的规模经济，沿海地区不仅获得制造业的蓬勃发展，也率先推进了城镇化。21世纪以来，受惠于区域均衡发展战略，中西部地区基础设施条件得到改善,开始承接沿海地区制造业转移,城镇化速度也呈现后来居上的势头。在整个改革开放期间,不仅城镇人口迅速增加,城镇化率以同期世界上最快的速度提高,城镇的数量也大幅度增加,工业化与城镇化实现了同步。在1978—2017年期间,地级市数量从98个增加到294个,县级市数量从92个增加到363个,镇的数量从2176个增加到21116个。

在农业比重随经济发展水平提高而逐步下降的规律作用下,农业剩余劳动力大规模转移,进入城镇非农产业就业,实现了资源重新配置,提高了整体劳动生产率。进入21世纪以来,中国经济和农业发展到达一个重要的转折点,开始了工业反哺农业、城市支持农村的阶段,支农、惠农政策力度前所未有。伴随着工业化进程,以农业机械化为标志的农业现代化加快推进。在1978—2017年期间,农业机械总动力以年平均5.6%的速度增长。随着农村出现劳动力不足现象,提高劳动生产率的要求日益迫切,在2003—2017年期间,农用大中型拖拉机及其配套农具的数量,年平均增长率均超过14%。

习近平总书记在党的十九大报告中,强调推动新型工业化、信息化、城镇化、农业现代化同步发展。这一要求既是深刻吸取经验教训之后的理论升华,又与时俱进地体现了新的科技革命特点。党的十九大把乡村振兴战略作为一项国家发展战略,与推进新型工业化及"四化同步"要求相得益彰、相辅相成。很多发展中国家在工业化和城镇化过程中出现过农业萎缩、农村凋敝和农民生活改善滞后于经济发展的现象，付出了沉重的代价。在推进新型工业化的同时实施以农业农村现代化为总目标的乡村振兴战略，是同步发展的一项重大部署，体现中国特色社会主义现代化的必然要求，旨在探索一条史无前例的14亿人口大国的成功道路。

作为人口结构变化的后果，劳动力出现普遍短缺的现象，工资上涨速度加快，享有多年的劳动密集型制造业比较优势趋于减弱。这时，充分开发"四化同步"本身具有的协同生产率和竞争力愈显重要。一方面，以加快提高农业劳动生产率为条件，中西部地区农业劳动力转移潜力仍然较大，制造业可以形成一个国内版的雁阵模式，从沿海地区向中西部地区转移，延续人口红利；另一方面，借助新技术革命特别是信息化的成果，加快掌握核心技术、获得核心竞争力，通过新型工业化提升制造业在全球价值链中的位置。

三、劳动生产率引导结构演进

从各国经验看，国家工业化并不是遵循一个直线式的轨迹推进，而是按照一个不规则的倒"U"字形曲线变化。例如，制造业增加值占GDP的比重，通常会首先经历一个逐渐上升的过程，到达一定发展阶段后，该比重达到峰值后便转而缓慢下降。中国制造业比重在1996年便在36.8%的水平上达到了峰值，不过，在随后的十年中并没有明显下降，而是保持相对稳定。在 2006 年之后，该比重才从 36.2% 的水平上一路下降。

制造业比重的下降现象，既可能是在较高工业化阶段上产业结构自然演进的结果，也可能是条件尚未成熟时的过早"去工业化"。许多曾经取得制造业发展重要地位的国家，已经经历过制造业比重下降的过程，其经验和教训值得引以为鉴。我们可以从制造业比重开始下降时的条件成熟度，即以世界银行定义的人均收入组别作为发展阶段特征，以农业比重作为产业结构特征，以及制造业比重下降后的结果来观察。

第一类国家的制造业比重下降可谓水到渠成。在制造业比重由升到降的转折点上，人均 GDP 已经达到高收入国家的标准，农业占 GDP 比重降到很低的水平；在比重下降之后，制造业在全球价值链中的位置反而加快提升，整个经济的劳动生产率持续提高，迄今仍然保持发达的制造业大国地位。分别于 1953 年和 1970 年制造业比重开始下降的美国和日本，便属于这种类型。

第二类国家的制造业比重下降具有不成熟的性质。在制造业比重下降的时点上，以人均 GDP 衡量仍然处于中等偏上收入阶段，农业比重偏高；并且在比重下降之后，制造业升级并不成功，国际竞争力下降，劳动生产率的提高速度不足以支撑经济持续健康增长。以人均 GDP 标准来判断，许多此类国家迄今没有进入高收入国家的行列。同时于 1974 年开始制造业比重下降过程的阿根廷和巴西，即为这方面的典型。

由此可以归纳几点经验和教训。首先，人均 GDP 作为一个标志性指标，揭示出在一定发展阶段上，高速工业化的源泉逐渐式微，在转向以创新和升级为内涵的工业化阶段时，制造业比重下降具有必然性。其次，农业比重下降到较低水平时，意味着不再存在农业剩余劳动力转移压力，同时第三产业也处于较高端，制造业比重下降不会导致劳动生产率的降低。第三，制造业比重下降，绝不意味着该产业的重要性便降低了，相反，新的工业化阶段是制造业攀升价值链阶梯的关键时期。

比照国际经验，中国制造业比重的下降来得过早。在1996年制造业比重达到最高点时，按照2010年不变价计算，中国的人均GDP仅为1335美元，刚刚跨过中等偏下收入国家的门槛；2006年制造业比重开始下降时，人均GDP也只有3069美元，仍处中等偏下收入国家行列。在这两个年份上，农业增加值占GDP比重分别高达20.4%和11.7%。

2017年中国在人均GDP达到7329美元时，制造业比重降到了29.3%，农业比重为7.6%。从发展阶段和产业结构特征指标来看，类似于阿根廷和巴西在1974年制造业比重开始下降时的水平。这就是说，即便考虑到中国的制造业比重过高，需要一定程度的调整，目前达到的水平仍然应该作为一个警戒线，需要遏止继续下降的趋势。防止过早的去工业化现象，一方面是为了给制造业向技术密集型高端升级、农业剩余劳动力转移、服务业发展和劳动生产率提高留出足够的时间，另一方面是为了集中创新核心技术、提升核心竞争力，在产业更高端获得新的全球价值链位置给出充分的空间。

70 年发展的回声：最大最快的人口转变

人口发展既是经济社会发展的结果，也对经济社会发展产生显著的影响。描述一个国家人口发展的最恰当方式，是揭示其处在人口转变的哪个阶段上，以及如何到达现阶段。观察新中国成立 70 年以来，如何完整地走过了人口转变的各个阶段，又是怎样与经济发展和社会变迁相互影响并互为因果，即把人口转变看作经济社会发展的回声，也是认识国家发展历程和事业成就的一个有益框架。

一、最大最快的人口转变

人口学家发现，一个国家完整地完成人口转变，通常经历三个阶段。第一，在人均收入较低的发展阶段上，人口类型表现为高出生率、高死亡率和低自然增长率。第二，随着收入水平提高，人口类型转变为高出生率、低死亡率和高自然增长率。第三，在更高的发展阶段上，人口类型呈现低出生率、低死亡率和低自然增长率的特征。

中华人民共和国成立以后，结束了长期战乱及其造成的民不聊生，人民安居乐业，死亡率迅速大幅度下降。同时，直到在20世纪60年代中期之前，出生率的下降相对滞后，导致人口增长率上升。随后，在整个70年代死亡率继续下降但略微趋缓的同时，出生率开始大幅度下降，导致1970年人口自然增长率比1949低了1个百分点。以后死亡率基本稳定，出生率和增长率在80年代有所上升。自1998年以后，人口自然增长率便一直低于10‰，2004年以来进一步降到6‰以下，2018年仅为3.8‰。

这个人口转变趋势也反映在总和生育率的变化上。在统计意义上，总和生育率可以简单理解为妇女终身生育的孩子数量。实际上，作为对经济社会发展的积极回声，中国的总和生育率从20世纪60年代中期就开始迅速下降，到改革开始前后已经从最高时大于6的水平下降到2.5—3，进一步下降到20世纪90年代前期的2.1这一更替水平，自90年代后期以来，稳定在1.5左右的水平。

中国完成这样一个完整的人口转变过程，具有十分重要的意义。首先，中国具有世界人口的五分之一，因而其所经历的过程，是人类历史上最大规模的人口转变。其次，中国的完整人口转变，也是以史以来最快速度完成的。正如学者的比较显示，英国和法国的总和生育率从 5 降到更替水平 2.1 左右，共用了约 75 年的时间。而从中国的数据看，同样幅度的生育率下降只用了 20 年的时间。

二、人口与发展的相互促进

我们可以把人口的动态变化，看作一个依队列关系而对之前的出生状况不断发出"回声"的过程，即婴儿相继成长为青少年、进入劳动力市场、为人父母、退休并且逐渐变老。在 20 世纪 50 年代和 60 年代形成的婴儿潮，在 70 年代和 80 年代便成长为规模庞大的劳动年龄人口。又由于 70 年代开始生育率大幅度降低，出生率和自然增长率相应下降，从 80 年代开始中国进入一个人口机会窗口期，表现为劳动年龄人口迅速增长，青少年人口和老年人口数量整体保持不变，因而人口抚养比显著下降。

中国这个人口机会窗口在世界上是独有的。例如，在 1980—2010 年期间，中国的 15—59 岁劳动年龄人口以年平均 1.8% 的速度增长，而该年龄之外的依赖型人口则基本处于零增长状态（-0.2%）。在同一时期里，无论是发达国家作为总体，还是不包括中国在内的发展中国家作为总体，劳动年龄人口和依赖性人口的相对增长态势，都远远不如中国来得有利。

这里所谓"有利的"人口转变阶段，是指这种人口结构趋势产生了有利于经济增长的显著效应：劳动力数量供给充足；

劳动力质量（人力资本）加快改善；低人口抚养比有利于提高储蓄率从而促进资本积累；劳动力充分供给有助于延缓资本报酬递减现象，保障投资高回报率；转移剩余劳动力带来资源重新配置效率，使全要素生产率得到提高。

所有这些与人口有关的因素，既是在经济社会发展中形成的，反过来分别对高速增长做出了真金白银的贡献。可以说，具有这样的人口特征，是改革开放时期中国经济高速增长的必要条件，正因为如此，我们称之为人口红利。

三、未富先老的两面观

当年的婴儿潮仍在发出"回声"。2010 年，前述人口机会窗口就关闭了，劳动年龄人口转入负增长，而以老龄人口增长为主要动力，尚未进入或已经退出劳动年龄的依赖型人口开始加速增长，人口抚养比相应开启上升模式。人口转变的这个新趋势既是一般意义上的老龄化，在中国又有其特殊性，被表述为"未富先老"，即在尚未进入高收入国家行列的发展阶段上，老龄化水平迅速向高收入国家趋近，所带来的挑战是双重的。

劳动力供给不足是老龄化带来的首位负面因素，并影响到其他经济增长变量的变化。由于年轻劳动力的受教育程度更高，因此，新成长劳动力数量的减少会使整体人力资本的改善速度放慢；农村新成长劳动力减少还导致劳动力流动规模缩小，降低了资源重新配置的速度，使生产率改善的潜力变小；劳动力短缺导致工资成本升高，会促使资本替代劳动的节奏过急，造成资本回报率下降。这些都对中国经济增长减速产生推波助澜的作用。

老年人口数量增长和人口抚养比提高，对养老提出严峻和紧迫的需求。2018年中国65岁及以上人口已达1.67亿，占全部人口的比重为11.9%，与15—64岁劳动年龄人口的比率为16.8%，在同等发展水平国家中属于老龄化程度最深的。这种未富先老的状况给老年人医疗卫生、基本养老保险、满足老年人的精神慰藉需求、对高龄和失能老年人照料等带来一系列挑战。

然而，也需要指出的是，未富先老也是一柄双刃剑：在带来严峻、紧迫挑战的同时，也相当于及早地提出了警示，指出为迎接未来更严峻的老龄化形势，应该如何未雨绸缪做好充分的准备。日益提高的人口抚养比，意味着只有靠提高劳动生产率，即较少的劳动力生产较多的产品，才能支撑庞大的老年人口规模。较早出现的劳动力短缺以及由之而来的潜在增长率下降，对提高劳动生产率以保持增长速度提出的紧迫要求，无疑是一种有益的信号，有助于推动经济增长从速度型向质量型的转变尽早启动。

四、政策趋势和展望

党中央把处理好人口问题作为关系中华民族生存发展的大

事，在每一个特定时期，针对特定的历史条件，分别实施了相应的人口及相关政策。改革开放以来，特别是党的十八大以来，党中央与时俱进地进行了一系列重大体制建设和政策调整。

首先，自1980年实行严格的计划生育政策以来，根据人口形势的变化这一政策也不断得到调整。事实上，把实施了长达30多年的计划生育政策简单理解为"独生子女"政策并不准确。在现实中，演进到2010年前后，生育政策大致上形成了一孩、一孩半、二孩和三孩等政策并存的格局。2014年起全国实行"单独二孩"政策，从2016年开始，全面实行一对夫妻可以生育二孩政策。进一步调整，固然要适时推动生育政策向实行自主生育转变，更重要的是配合生育政策调整，有针对性地加强公共服务供给，解除年轻夫妇生育和养育孩子的后顾之忧。

其次，随着社会保障制度建设取得突破性进展，城乡居民基本养老制度全面建立起来，普遍实施机关事业单位养老保险制度，启动养老保险基金投资运营和基金中央调剂，全面实施大病保险制度，积极开展长期护理保险制度试点。养老保险覆盖人数已经超过9.25亿人，基本医疗保险覆盖人数已经超过13.5亿人，基本实现了全民参保。下一步需要在扩大和稳定覆盖率的基础上，不断提高基本保障水平。

第三，适应中国进入老龄化社会的常态，通过政策扶助提高老年人口的劳动参与率，把应对老龄化的战略取向从消极应对型转向积极应对型；以稳定劳动收入、增加财产性收入，以及提高社会保障水平为突破口，释放老年人的消费能量，特别是关注老年人群体的消费需求，研究其重要且具有独特性的消费特点，提高其消费的便利性；通过建立扶持和激励机制，促进老龄产业发展，培育新的经济增长极。

最后，顺应经济发展新常态，保持对于人口老龄化的平常心态。生育率下降的趋势是伴随人均收入水平提高的一种必然性，从发达国家走过的道路看，各国在发展过程中都会遇到这个问题。如果劳动生产率的提高速度跟得上老龄化的步调，经济就能持续增长，与老龄化相关的问题完全可以得到解决。这就要求一方面，把经济增长转换到生产率驱动的轨道上；另一方面，把老龄化因素转化为生产率提高的红利。

得之不易的稳就业、惠民生成绩

2019年以来,面对国内外各种风险挑战的复杂局面,我国经济运行延续了总体平稳、稳中有进的发展态势,经济增速保持在合理区间,实现了稳就业、惠民生的预期目标。这一得之不易的成绩表现在以下几个指标上。一是新增就业继续保持强劲。2019年1—9月,全国城镇新增就业1097万人,基本完成全年目标任务。二是失业率保持低位。第三季度全国城镇登记失业率3.6%,9月份全国城镇调查失业率为5.2%,低于5.5%的控制目标。三是100个城市公共就业服务机构市场求人倍率(用工需求人数与求职人数之比)为1.24,处于近年来的高水平。

在稳就业、惠民生方面取得的成绩,根本在于我国经济工作坚持稳中求进工作总基调,全面做好稳就业、稳金融、稳外贸、稳外资、稳投资、稳预期工作,经济增长速度符合潜在增长率。特别是 2019 年以来在稳就业工作方面，形成一系列鲜明的亮点。

首先，党的十八大提出实施就业优先战略和更加积极的就业政策以来，就业在政府工作中被置于更高的优先序。在第十三届全国人民代表大会第二次会议上，李克强总理在《政府工作报告》中首次提出"将就业优先政策置于宏观政策层面"。这主要表现在以就业状况为依据确定宏观经济政策方向、力度，以及各项政策协同，实施综合措施稳就业。作为"六稳"之首，稳就业目标的实现，就在于宏观经济政策方向和力度适当，与经济形势稳中有变的情况相适应，因而产生明显的效果。

其次，实施减税降费、放管服改革、改善营商环境等一系列举措，不仅改善了企业经营环境，还保持了新创经营主体的持续生长，在稳定原有岗位的同时也不断创造出新的岗位。服务业成为主要的就业吸纳渠道，特别是其中的新业态和新就业模式，岗位的流动性明显加大，由于"新增就业"是一个流量概念，新创岗位增多或者转岗流量加大，都有助于该指标的完成。

第三，政府公共就业服务到位，特别是针对特定人群的辅助措施，缩短了摩擦性失业的时间。岗位培训特别是失业保险金用于援企稳岗和技能提升等创新做法，一方面尽可能减少了企业解聘职工的意愿，另一方面在局部出现下岗失业现象的情况下，缩短了转岗工人处于结构性失业的时间。

最后，人口结构变化趋势也有助于缓解就业压力。由于继

2011年15—59岁劳动年龄人口进入负增长后，2017年经济活动人口也开始负增长，年度新成长劳动力继续减少，劳动力短缺现象仍然存在。此外，由于年轻人在学时间增加、中年农民工返乡，以及退休年龄人口就业意愿降低等原因，近年来各年龄组人口的劳动参与率具有降低的趋势。这些情况导致就业难与招工难现象并存，表现为结构性问题突显，而就业总量矛盾相对不那么突出。

我国经济发展仍将面对复杂多变的国际环境，经济增长必然会遭遇需求侧的冲击；在转向高质量发展过程中，发展方式转变、产业结构调整和增长动能转换，也不可避免地导致一些职工的转岗。因此，继续做好以稳就业为先的"六稳"工作，既十分重要也需要应对严峻的挑战。

首先，在宏观政策层面坚持和完善就业优先政策，适时适度地运用宏观经济政策，保持就业大局稳定。调查失业率是一个能够反映宏观经济状况的指标，应该成为宏观经济政策决策的主要依据。由于目前在5％的自然失业率基准上显现出向上移动的趋势，需要密切注意，适时从需求侧实施反周期政策微调，稳定经济增长。失业率的小幅微升恰好可以由宏观经济政策的微调予以应对，避免大水漫灌式的强刺激。

其次，把握好制造业和服务业的发展平衡，多渠道、可持续拓展就业空间。近年来服务业比重显著提高，对于稳定增长速度和扩大就业做出了重要的贡献。这有主动调整的因素，也有受全球化低迷以及中美贸易摩擦升级影响不得已而为之的因素。把保持我国产业结构升级优化与提高就业扩大的可持续性两个目标综合考虑，必须坚持改革开放和改善营商环境，创造更好的制度环境，稳定制造业在国民经济中的比重。

最后，更多地运用普惠性社会保障和公共就业服务手段，把劳动力的载体即人作为保护对象，而尽可能少地以岗位为保护对象。在产业结构调整中以及应对冲击过程中，保护岗位有时是必要的，但同时也会因此保护了过剩的或无效的产能，反而阻碍新经营主体的进入以及无效产能的退出，不利于新的就业岗位的创造，而没有创造性破坏就没有创新。只有扎牢社会保障网络，才能更加充分地拥抱优胜劣汰的竞争环境，全面实现"六稳"目标。

积极就业政策 3.0

2018年7月31日中共中央政治局会议要求,做好稳就业、稳金融、稳外贸、稳外资、稳投资、稳预期工作。2018年底召开的中央经济工作会议要求,要全面正确把握宏观政策、结构性政策、社会政策取向,确保经济运行在合理区间。在第十三届全国人民代表大会第二次会议上,李克强总理在《政府工作报告》中首次提出,将就业优先政策置于宏观政策层面,旨在强化各方面重视就业、支持就业的导向。

这个安排和导向具有十分重要的政策含义。首先,在各项政府工作中给予就业更加突出的位置,在宏观政策中赋予就业更高的优先序。其次,把就业稳定作为宏观经济稳定的主要内容,宏观政策的目标更加明确,目标与手段更加统一,积极就业政策也更具可操作性。第三,适合我国当前就业形势的需要,与之相应的理念转变和机制调整恰逢其时。把就业放在"六稳"

之首、置于宏观政策层面，标志着按照以人民为中心的发展思想，着力解决变化了的我国社会主要矛盾，宏观经济政策目标从"保增长，稳就业"到"保就业，稳民生"的转变。

一、积极就业政策的完善与升级

在 20 世纪 90 年代中期以前，我国劳动力配置的市场化程度很低，宏观经济政策调控目标中没有明确的就业要求，货币政策和财政政策的官方表述中都没有单独提到就业目标。在一定程度上说，这种情况与当时的劳动力供求关系也是适应的。在二元经济发展过程中，劳动年龄人口和经济活动人口增长较快，劳动力市场上供大于求是常态。因此，由于经济增长有一个既定的并假设不变的就业弹性（即一定的 GDP 增长率带来的就业扩大幅度），人们常常观察到，就业扩大更多地依靠经济增长速度，因此，以经济增长带动就业这个现状，决定了以增长速度目标代替就业扩大目标的政策理念，也有其历史的合理性。

20 世纪后期我国经历了严峻的就业冲击和深刻的劳动力市场改革，中央于 21 世纪初提出实施积极就业政策，2002 年党的十六大报告提出实行促进就业的长期战略和政策，将促进经济增长、增加就业、稳定物价和保持国际收支平衡设为宏观调控的主要目标。可以认为从此形成了"积极就业政策 1.0"。这同时也意味着，政府和社会在关于经济增长与就业扩大关系的认识上实现了一个突破，即经济增长并不自动带来就业扩大，不同政策导向下的增长类型可以带来不尽相同的就业效果。

在 2008—2009 年应对世界金融危机中，党中央和国务院提出实施更加积极的就业政策，标志着就业政策的优先序进一步提升。2012 年，党的十八大提出实施就业优先战略和更加积极的就业政策。从此开始，政府稳定就业的政策内容更加充实，政策工具也更加丰富，各部门之间对就业政策实施的协调性也得到改善。因此，可以将这个阶段的就业政策体系，称作"积极就业政策 2.0"。

从世界金融危机发生以来，中国的劳动力供求格局发生了根本性的变化，二元经济发展阶段上劳动力无限供给的特征正在消失，劳动力短缺现象普遍存在，导致中国增长与就业的关系既不同于以往，也与其他国家不同。观察 2008—2017 年期间实际 GDP 增长率和失业率的数据，可以看到，绝大多数新兴经济体的增长率在 2009 年都发生大幅跌落，同时失业率骤升，随后增长率与失业率则呈逆向变化关系。唯独中国的经济减速相对平缓，失业率也没有显著变化，自 2012 年以来经济增长率稳定下行，与此同时失业率即便不是显著下降，也可以说始终稳定在低水平上。

应该怎么理解经济增长持续下行与劳动力供求关系变化之间的关系，两者究竟孰为因孰为果呢？很显然，用经济减速来解释劳动力短缺在逻辑上是讲不通的，唯一正确的解释就是，由于人口结构发生了逆转性变化——劳动年龄人口于 2010 年从正增长转为负增长，导致劳动力供给减少，使以往支撑高速增长的与人口相关的因素都发生变化。或者说，人口红利加速消失。表现为劳动力数量的短缺、人力资本改善速度放慢、资本投资的回报率下降，以及农村可供转移的劳动力数量减少，资源重新配置效率的改善速度放慢。所有这些因素最终都导致中国经济的增长能力减弱。我们的估算表明，中国经济潜在增长率在2010年之前的30余年中，大约为年平均10%，在人口红利转折点之后，分别下降到"十二五"时期的平均7.55%和"十三五"时期的6.20%。

中央提出"做好稳就业、稳金融、稳外贸、稳外资、稳投资、稳预期工作"要求，并把稳就业作为"六稳"之首为标志，有关部门也出台了更加具体而精准的稳就业措施，意味着开启"积极就业政策3.0"时代的时机已经成熟。特别是，政府已经启用城镇调查失业率统计，发布的数据也被证明与其他劳动力市场指标具有一致性。因此，通过对积极就业政策在宏观政策工具箱中位置的调整，即把实现充分就业的目标以及劳动力市场各类信号纳入宏观经济政策抉择中予以考量、决策和执行，积极就业政策就可以得到真正落实，宏观经济政策终极目标和底线更加清晰且可操作，民生得到更好的保障。

二、健全宏观经济政策反周期功能

在市场经济条件下，经济增长不可避免会发生周期性波动，出于稳定和改善民生的需要，政府就要对增长的波动性进行宏观调控。一般来说，经济增长不是越快越好，而是要看是否符合潜在增长率，而后者是由生产要素供给状况和生产率提高速度决定的。就业状况和价格水平从两端反映经济增长的健康状况，对应的指标分别是失业率和通货膨胀率。宏观经济政策就是依据这两个指标，实施旨在反周期的相机调控。

宏观经济状况与增长速度、失业率和通货膨胀率的关系通常有三种情形，分别要求不同的宏观经济政策取向和力度。第一，当经济增长速度与潜在增长率保持一致的时候，既不会发生周期性失业，通货膨胀率也保持在可接受的水平，经济增长处于合理区间。这时，宏观经济政策应该保持中性。第二，如果经济增长速度超过潜在增长率，则会拉高通货膨胀率以及资产价格，意味着经济过热，宏观经济政策需要从紧。第三，一旦经济增长速度低于潜在增长率，生产要素得不到充分利用，则出现周期性失业现象，也意味着经济遇冷，宏观经济政策需要转向宽松，必要时还要加大刺激力度。

为了从理念上强调保障民生的重要性以及解决好就业问题在其中的突出位置，在中央文件以及各种重要政策表述中，一直都是把确立和实现就业目标作为一项民生保障的要求，归入社会政策的范畴。这样做，使得就业的重要性在政策表达中得到最高的体现，就业政策优先地位相应得到保障，也便于考核各级地方政府相关工作，起到了稳民生、惠民生的积极作用。然而，未能把就业政策纳入宏观经济政策层面，特别是货币政策的运用方向及出台时机未能把劳动力市场信号作为依据，稳定就业的措施在政策工具箱中的位置不恰当,造成在实施中与货币政策和财政政策衔接不够紧密,就业目标的优先序也容易在政策实施中被忽略,有时被保增长的要求所代替。

在市场经济条件下,反映劳动力市场状况的指标如失业率,是宏观经济的充分信息指标和实施依据。长期以来统计部门公布的这类指标是城镇登记失业率,由于这个指标统计的范围较小,对劳动力市场状况的反映既不甚敏感也不够全面,十分有限的波动性使其难以作为宏观经济政策的依据。所以,一直以来,调控部门主要还是依据通货膨胀率和 GDP 的增长速度判断宏观经济,就是说,有关就业状况的信息没有直接进入宏观调控决策的考虑,导致宏观经济政策的不完善。我们可以从三个角度,认识以城镇调查失业率替代通货膨胀率和 GDP 的增长状况,作为宏观经济调控依据的意义。

第一,通过稳就业因而实现稳民生,是比稳增长更优先的目标,是以人民为中心发展思想在宏观经济调控中的更直接体现。虽然在失业率与通货膨胀率之间,存在着如宏观经济学中菲利普斯曲线所表示的替代性关系,政策要在两者之间取得尽可能合意的平衡,然而,也有研究表明,高失业率对人民总体幸福感的伤害比高通胀率高两倍。因此,在宏观经济政策中给予就业更高的权重,对于保障民生具有事半功倍的功效。

第二,在潜在增长率稳定不变的情况下,经济增长速度与就业扩大之间有一个相对稳定的数量关系,被称为增长的就业弹性。然而,一旦潜在增长率发生变化,就业弹性也会改变,就难以由先验的增长速度判断是否充分就业。例如，如果潜在增长率是9%而实际增长率只有7%，就意味着存在增长缺口，增长速度不足以实现充分就业，这时就需要实施刺激性宏观政策。而如果潜在增长率下降到7%并且实际增长率也达到了7%，则不存在增长缺口，就是充分就业的增长，因而无须实施刺激性政策。可见，把宏观政策依据转变到就业信息上来，可以实现宏观经济政策本身的升级。

如前所述，随着长期支撑高速增长的人口红利迅速消失，中国经济潜在增长率在进入21世纪第二个十年以来已经显著降低，实际GDP增长速度也相应降低，成为经济发展新常态的一个特征。在经济增长减速成为趋势的情况下，需要区分究竟是潜在增长率下降导致的自然增速下行，还是需求侧冲击导致的周期性减速。这时，如果仍然参照以往的增长速度调控宏观经济，就有可能反应过度。而直接观察反映就业状况的指标如调查失业率，看是否发生超出自然失业率之外的周期性失业，是更加科学可靠的判断方法。

调查失业率是国际劳工组织推荐，并且为很多国家采纳的指标，调查口径和方法比较严谨，也便于进行国际比较。我国统计部门经过多年的劳动力市场调查实践，逐渐完善了城镇调查失业率的统计，并于近年开始公布。根据各方面信息的比照和分析，表明这个指标与其他劳动力市场信息具有一致性，也可以得到宏观经济指标的相互印证，因而具备了作为宏观经济调控基本参数的条件。可见，随着把就业优先政策纳入宏观政策层面，积极就业政策进入其3.0时代，宏观经济调控政策体系相应得到升级，功能更加健全和完善。

三、如何认识我国当前的就业形势

李克强总理在第十三届全国人民代表大会第二次会议上的《政府工作报告》中报告了2018年城镇调查失业率为5%左右，实现了比较充分就业。这个数字概念的来龙去脉如何，表明什么样的劳动力市场状况呢？我们先来解释一下劳动者的几种劳动力市场状态、失业率的几个构成部分及其性质。

一般来说，潜在的劳动者（如16岁以上劳动年龄人口）分别会处于就业、失业和退出劳动力市场三种状态。其中，劳动者处于失业状态又分别由三种因素造成。第一是结构性因素。虽然这时的劳动力市场上存在着空缺岗位，但是由于寻职者的技能与岗位需求不相适应，劳动者需要经过培训过程才能与岗位匹配，其间这些人则处于结构性失业状态。第二是摩擦性因素。同样，在存在着空缺岗位的情况下，由于信息传递不畅通和市场功能的局限，劳动者与岗位之间的衔接也有时间上的迟滞，其间这些人则处于摩擦性失业状态。由于这两种情形下的失业与宏观经济状况没有直接的关系，并且无论何时何地，或多或少总是存在的，因此两者合称自然失业。第三是周期性因素。由于宏观经济波动造成实际失业现象攀升到自然失业水平之上，就是岗位不足导致劳动力得不到充分利用情况下的周期性失业。

虽然我国城镇调查失业率只是近年来开始陆续发布，根据相关数据进行估计，也可以大体了解该指标在20世纪90年代中期以来的变化过程。2000年，城镇调查失业率达到最高点即大约为7.6%，随后便逐年降低。2008年以来在经济增长没有大的起伏的情况下，调查失业率始终保持在5%左右。虽然2012年以来经济增长呈现平稳的下行趋势，但是，由于减速源于伴随经济发展阶段变化出现的潜在增长率降低，因而实际增长率与潜在增长率总体是相符的，没有出现增长缺口。此外，城镇调查失业率在2018年各月份之间的变化，也同样是围绕5%左右这个幅度进行，因此，这个失业水平可以被看作是结构性因素和摩擦性因素造成的自然失业率。

按照宏观经济学的定义，充分就业状态不是指失业率为零，而是指失业率保持在自然失业率水平上，而与此对应的经济增长速度即为充分就业的增长率。从部分城市公共就业服务机构采集的岗位供求信息，也可以为当前就业比较充分这个结论提供进一步印证。人力资源和社会保障部门发布的数字显示，截止到2018年12月份，劳动力市场上的岗位需求数仍然明显大于求职人数，求人倍率（即岗位需求数与求职人数之比）达到1.27，为有该数据记录以来的最高水平，而且仍呈现走高的势头。从更直接的观察可见，当前劳动力市场上既存在着普遍的劳动力短缺，也不乏结构性和摩擦性就业困难。

不过，自然失业率并非注定一成不变，而是可以通过完善劳动力市场功能和采用相关促进就业政策予以降低。不过，自然失业率更重要的功能是，在尚未发生周期性失业现象的时候，宏观经济政策就要枕戈待旦，以自然失业率为基准点，密切关注劳动力市场动态，一旦实际失业率超过自然失业水平，意味着经济增长偏离潜在增长率，便是宏观经济政策手段刀枪出鞘的时机。

四、稳定就业和宏观调控的政策应对

一旦确定当前5%这个失业水平为自然失业率，宏观经济政策以及置于宏观政策层面的积极就业政策，便能够以此为基准实施。具体来说，我们应该从以下几个方面认识我国面临的就业矛盾和相关挑战，有针对性地采用或准备采用相应的政策工具，做到精准对症，取得稳就业、稳增长和稳民生的效果。

首先，运用积极就业政策应对结构性和摩擦性就业困难，降低自然失业率。在推动全方位对外开放和深化经济体制改革过程中，各类经营主体将面临更多的来自国内外的市场竞争；在供给侧结构性改革过程中，降低债务率、杠杆率任重道远，处置僵尸企业的力度将加大；在调整经济结构、转变发展方式和转换增长动能中，提高全要素生产率和竞争能力，企业需要经历创造性破坏的洗礼。伴随所有这些变化，都会造成部分劳动者主动或被动离开原就业岗位的情况，因而要经历一个转岗的过程。在离开前一个岗位之后，到找到下一个岗位之前，或者新成长劳动力进入就业市场的时候,他们常常会遇到两类失业或就业困难。

一类情况是,面对下一个可能的就业岗位,转岗劳动者的技能不适应。特别是,中国经济在转向创新驱动的高质量发展过程中,技术和产业结构快速变化,技能与岗位不匹配的现象越来越突出,劳动者容易陷入结构性失业或遭遇结构性就业困难。积极就业政策应该从职业教育和技能培训入手,帮助提高劳动者的人力资本,努力缩短结构性失业的过程。由此延伸出来的一个积极就业政策理念是,教育应该更加着眼于认知能力、非认知能力和学习能力等软技能的培养,使新一代劳动者适应第四次工业革命的新特点和大趋势。

另一类情况是,劳动力市场功能并不总是健全、完备的,因而劳动者在转岗过程中会经历一段摩擦性失业时间,或遭遇摩擦性就业困难。中国劳动力市场发育时间较短,连接劳动力供求双方的市场功能存在缺陷,同时还存在着体制性障碍和就业歧视,因而这类失业现象或就业困难比较普遍。从劳动者的角度来看,寻职能力不强,技能选择范围窄,对新岗位的适应性差,也是产生摩擦性失业的原因。因此,积极就业政策的基本功能,就是推动劳动力市场发育,加强劳动法规的执行力,完善劳动力市场制度,有针对性地加强信息发布和岗位中介等公共就业服务。当前,特别要注重应用现代化信息技术手段,提高劳动力市场效率和匹配度。

其次,适时运用宏观经济政策的反周期手段,防范和应对周期性失业。中国发展仍然处于重要战略机遇期，也面临着严峻复杂的形势。在经济基本面长期向好趋势不变的情况下，外部环境有着诸多不确定性。除了反全球化逆流、中美贸易摩擦、全球经济减速等现实的风险之外，还存在着一系列未可预见的风险，都可能酿成"黑天鹅"事件和"灰犀牛"事件。一旦来自内部或外部的因素，从供给侧或需求侧冲击中国经济，就有可能把经济增长率拉低到潜在增长率以下，形成较大的增长缺口，相应会出现严重的周期性失业现象。对此，警戒性的信号就是城镇调查失业率显著超过5%。这时就需要运用恰当的货币政策和财政政策手段，进行逆周期调控，使经济增长速度回归潜在增长率，使失业率降回到充分就业水平。

最后，完善社会保障制度的托底功能，确保民生链条正常运转。自然失业与周期性失业并非截然分离的，在周期性失业比较严重的时候，结构性失业和摩擦性失业也会加剧。因此，在运用宏观经济政策应对周期性失业取得总量效果的同时，积极就业政策的实施应该更加精准到位，特别要关注各级各类毕业生、退役军人、农民工和新业态的从业者等群体面临的就业困难。即便如此，仍然会有一些特殊困难人群，会被遗漏在政策手段的覆盖之外，因此需要未雨绸缪，密织一个牢固的社会安全网络，在关键时刻进行最后的兜底保障。

保障和改善民生重在制度建设

改革开放以来高速经济增长的成果，通过劳动者创业就业和政府基本公共服务水平的不断提高为城乡居民广泛分享。党的十八大以来，坚持以人民为中心的发展思想，在发展中保障和改善民生，通过更充分更均等提供基本公共服务、完善社会保障制度、实行社会政策托底、实施脱贫攻坚战略等一系列措施，民生得到显著改善，人民的幸福感和获得感明显增强。与此同时，保障和改善民生的制度体系也日趋完善。在新时代和新的发展起点上，着眼于已经转化了的我国社会主要矛盾，充分利用中国特色社会主义制度优势提高人民福祉，党的十九届四中全会强调坚持和完善统筹城乡的民生保障制度，满足人民日益增长的美好生活需要。

一、从实施各项政策到健全制度体系

在改革开放发展过程中，党和国家制定实施了一系列保障和改善民生的政策，基本公共服务的供给水平和均等化水平得到明显提高，特别是在幼有所育、学有所教、劳有所得、病有所医、老有所养、住有所居、弱有所扶等基本保障方面，有了根本的和极大的改善。党的十九届四中全会把以上"七有"作为国家基本公共服务制度体系的基本内容，要求做到尽力而为、量力而行。这标志着民生政策和基本公共服务制度，从分别实施和逐一完善，进入到形成制度体系的新阶段。

主要领域基础性制度体系是国家治理体系和治理能力现代化的基础，因此，统筹城乡的民生保障制度的成熟与完善，也是实现国家治理体系和治理能力现代化的重要内容和基本标志之一。党的十九届四中全会通过的《中共中央关于坚持和完善中国特色社会主义制度推进国家治理体系和治理能力现代化若干重大问题的决定》（以下简称《决定》）从四个方面阐述了这一制度体系，包含了保障民生的全部"七有"内容。

第一是"健全有利于更充分更高质量就业的促进机制"。就业是民生之本。近年来，我国实施就业优先战略和更加积极的就业政策，成绩可圈可点，也得之不易。在面对世界新一轮科技革命方兴未艾、经济全球化遭遇逆风，以及国内发展方式转变、产业结构调整和增长动能转换加快，实现更高质量和更充分就业的任务十分严峻，要求付出长期不懈的努力。强调健机制加强制度建设，是为实施就业优先战略和更加积极的就业政策提供更根本、更有效、更常态化、更可持续的保障。

第二是"构建服务全民终身学习的教育体系"。这是把坚持和实施教育优先发展制度化的重要表述。全面建设社会主义现代化强国需要培养全面发展的建设者和接班人，应对人口老龄化需要提高老年人口的劳动参与率，应对数字经济、人工智能等新技术革命挑战需要提高各级教育质量，适应产业结构调整和参与全球化竞争需要培养大国工匠、提升劳动者就业能力和劳动技能，阻断贫困代际传递需要从城乡义务教育和学前教育抓起。这些方面的挑战都需要通过创新教育和学习方式、完善教育体系、健全教育机制，以及调动各方面办学和学习的积极性予以有效应对。

第三是"完善覆盖全民的社会保障体系"。包括各项基本社会保险制度、社会救助和社会福利制度、脱贫攻坚战略、住房制度，以及针对各类重点群体的扶助政策在内的城乡社会保障体系已经逐步建立健全，进一步完善的重要抓手就是立足于覆盖全民这一要求，形成充分覆盖、城乡统筹、有效衔接的制度体系。我国已经进入高质量发展阶段，一方面，这种发展模式更加突出以人民为中心，经济发展成果最大限度和最大范围地为全民分享；另一方面，这种发展模式更依赖生产率的提高，需要优胜劣汰的竞争机制。在这个过程中，作为生产要素的劳动力，需要奖惩机制予以激励，但是作为劳动力载体的人本身，则始终要获得社会保障网的托底保护。

第四是"强化提高人民健康水平的制度保障"。提高健康水平是人民美好生活需要的重要内容之一，也是适应高质量发展而积累人力资本的重要途径。我国在医疗卫生体制改革、健全基本医疗卫生制度、提高公共卫生服务、医疗服务、医疗保障、药品供应等方面，已经取得了长足的进步。形成全生命周期和健康全过程的国民健康政策，还需要加强制度建设，使各方面政策和机制更加系统衔接。特别是在人口老龄化的条件下，积极应对的主要抓手，就包括关注这个群体的健康水平，提高人口的健康预期寿命，并围绕这一要求形成符合国情的养老保障和服务体系。

二、覆盖全民与关注重点人群的有机统一

完善覆盖全民的社会保障体系，是统筹城乡的民生保障制度的一个重要组成部分，覆盖全民的目标要求也同统筹城乡的战略部署相对应和衔接。《决定》强调了健全国家基本公共服务制度体系，要注重加强普惠性、基础性、兜底性民生建设，保障群众基本生活。同时，也特别强调了对重点人群的关注和扶助，如在促进创业和就业方面特别提到对就业困难人员的托底帮扶，在教育发展方面专门提到特殊教育，在社会保障和扶助方面突出了完善农村留守儿童和妇女、老年人关爱体系、健全残疾人帮扶制度，在提高人民健康水平方面强调了积极应对人口老龄化，等等。

完善覆盖全民的社会保障体系与强调关注重点人群特别是困难群众，是在发展中保障和改善民生工作的辩证方法论，两个方面既缺一不可又相互补充。建立并完善全面覆盖的社会保障网络，包括社会保障项目齐全完整、对城乡居民的充分覆盖，以及随着我国综合国力的提升而提高保障水平和均等化水平等内容和要求。按照这样的要求做好此项制度建设工作，就能在整体意义上落实以人民为中心的发展思想，让广大人民群众分享改革开放发展成果。

同时，人民群众又是由不同的社会群体构成的，从个体层面看具有诸多差异性，既包括那些因地理位置和人口特征处于不利境况的脆弱群体，也包括那些由于不可预见的自然灾害和市场波动等冲击性因素而遭遇生产生活困难的人群，都必须给予特别的关注和帮扶。只有毫无遗漏地关注每一个具体的人口群体，才可能真正实现社会保障体系覆盖全民的目标，全面建成小康社会一个人也不掉队。民生无小事，枝叶总关情。真正抓住人民最关心最直接最现实的利益问题，让人民有更多、更直接、更实在的获得感、幸福感、安全感，才能在延续我国经济发展奇迹的同时，继续创造社会稳定、人民安全的奇迹。

三、良好把握尽力而为和量力而行的平衡

《决定》指出：增进人民福祉、促进人的全面发展是我们党立党为公、执政为民的本质要求。这要求充分发挥我国的制度

优势,坚持和完善统筹城乡的民生保障制度,健全各项保障的实施机制,满足人民日益增长的美好生活需要。从我国现阶段国情出发,做到这个要求,需要在理念上正确认识效率和公平之间的关系,同时在制度建设和工作推动中把握好尽力而为和量力而行的良性平衡。

从经济学理论和国际经验教训来看,处理效率和公平之间的关系,在理论上并没有得到合理的阐述,始终是各国面临的一个旷日持久且至今未能破题的两难,在把握尽力而为和量力而行的平衡方面,也鲜有成功的案例。西方经济学从理论出发点上就为解决这个问题设置了难以逾越的观念上的障碍。主流观点就是把效率和公平看作是非此即彼,或者此消彼长的对立取舍关系。例如,美国经济学家阿瑟·奥肯在其一部广为流行的著作中,把效率和公平描述为一种只能进行"大取舍"的关系。

按照这一关于效率与公平关系的传统思路,对创业和就业的激励与对社会各群体的社会保障,似乎成为鱼和熊掌不可兼得的"取舍"关系。因此,无论是在发达国家还是在发展中国家,许多国家的政府在政策制定和实施中,经常性地处于忽左忽右、摇摆不定的状态。例如,很多国家在过去几十年受到新自由主义"涓流经济学"的影响,坚信市场机制可以自动解决收入分配问题,因而忽视对普通劳动者权益的保护和对低收入家庭的社会保障,最终造成贫富两极分化和中产阶级的萎缩。由于没有认识到或者不愿意承认问题产生的根源,一些政治家为了争取选票，把自身的问题归咎于经济全球化以及其他国家的发展，以致近年来在许多国家，各种版本的保护主义和民粹主义思潮纷纷涌现，相应的政策措施终究也只能产生南辕北辙的效果。这些现象都证明，在理念上把效率与公平看作是对立的，必然导致实践中的两难抉择，无法形成尽力而为和量力而行的良性平衡。

中国特色社会主义制度，特别是作为支撑的社会主义基本经济制度和统筹城乡的民生保障制度等重要制度，为在中国形成效率与公平的有机统一和尽力而为和量力而行之间的良性平衡，提供了根本的制度保障，赋予我国以特有的制度优势。这种制度优势有助于在一系列重要民生相关的关系中形成有机统一，并体现在以下方面。例如，培育劳动力市场与构建和谐劳动关系的统一；覆盖全民的社会保障体系与帮扶重点人群的工作机制的统一；按生产要素贡献进行初次分配与更加注重公平的再分配的统一；提高劳动生产率与实现劳动报酬同步提高的统一；鼓励勤劳守法致富与扩大中等收入群体、调节过高收入的统一；深化医疗卫生体制改革与毫不动摇坚持医疗卫生事业公益性的统一；等等。

改革开放与城市化经验

习近平总书记在庆祝改革开放 40 周年大会上的讲话中指出:"艰难困苦,玉汝于成。40 年来,我们解放思想、实事求是,大胆地试、勇敢地改,干出了一片新天地。"在总书记所讲的这"一片新天地"中,无疑也包括改革开放时期中国实现的史无前例城市化速度。

1978—2017 年期间,中国实际国民总收入年均增长 9.5%,是同期世界上最快、持续时间最长的增长速度。这个时期,中国的城市化速度也是世界上最快的,城市化率从 17.9% 提高到 58.5%,每年以 3.08% 的速度提高,不仅远快于高收入国家平均水平(0.33%)和低收入国家平均水平(1.39%),也明显快于处于类似人口转变阶段的"晚期人口红利国家"平均水平(1.75%),以及处于相同经济发展阶段的中等偏上收入国家平均水平(1.65%)。这个时期中国对世界城市人口增量的贡献超过 1/4。

过去 40 年中国快速城市化所体现的人口从农村向城市迁移，以及劳动力从农业到非农产业的重新配置，充分刻画了相关改革如何消除阻碍生产要素流动和重新配置的体制障碍，把有利的人口特征转化为高速经济增长、显著结构调整和深刻社会变迁。因此，城市化推进的过程及其揭示的体制变革、结构转变、增长贡献和分享效应，可以成为改革开放发展分享过程的一个全方位缩影。

40 年经济改革破除了要素积累和配置的体制障碍，创造出高速增长的充分条件；特定的人口转变阶段与改革时期高度重合，为高速增长提供了必要条件；中国特色城市化则是把改革、发展和分享融为同一过程，把潜在增长率转化为经济发展奇迹的实践载体。剩余劳动力的退出、流动和进入，构成中国特色城市化过程和内涵，也是总结成功发展经验，提炼其一般意义以及揭示进一步改革和发展方向的有益角度。

中国特色城市化的经验表明，对传统体制的改革既创造微观激励又获得宏观效率，符合几乎所有的经济增长、结构调整和社会变迁规律，却又密切结合了国情，与特定的经济发展阶段、人口转变阶段，以及面临的体制遗产相对应。遵循相同的逻辑，已经获得成功的经验可以发扬光大，同时又可以顺应变化了的情形，更新已有经验的内涵，完成未竟的改革和发展任务。

各国都有自身发展的必要条件，并且常常是独特的。中国以城市化为代表的改革和发展经验,可以为解决一般发展问题提供答案。第一,通过改革解决要素积累的激励问题和要素重新配置的机制问题,把必要条件转化为实际经济增长。第二,立足于劳动力重新配置从而促进充分就业,把改革、开放、发展和分享融为一体,获得全社会对改革的共识,使之得以持续推进。第三,随着发展阶段变化而不断调整改革的重点,以保持和挖掘经济增长的必要条件。

习近平总书记指出:"改革开放已走过千山万水,但仍需跋山涉水,摆在全党全国各族人民面前的使命更光荣、任务更艰巨、挑战更严峻、工作更伟大。"作为改革和发展的一个重要方面,中国的城市化任务也尚未完成。过去40年中,以拆除制度性障碍促进劳动力从低生产率部门退出,在城乡、地区和产业间流动,实现对高生产率部门的进入为特征的中国特色城市化道路,是二元经济发展的有效经验。随着人口转变和经济发展阶段的变化,这些经验按照内在的逻辑实现更新,是推动城市化从高速扩张到高质量提升的关键。以下概述一下中国特色城市化道路应有的新内涵。

首先,退出的动力应从激励相关的生产率转到生产方式相关的生产率。农业劳动生产率大幅提高及与非农产业趋同发生在20世纪80年代,而自90年代以来,虽然劳动力始终大规模转移,而且,在城乡普遍呈现劳动力短缺的情况下,农业机械的使用越来越具有节约劳动的性质,农业生产中资本替代劳动的过程已经加速,农业与非农产业之间的生产率差距却没再显著缩小。

由于农业的经营规模过于狭小,在物质费用大幅增加的情况下,出现资本报酬递减现象,导致劳动生产率未能伴随资本投入的增加而提高。与1978—1984年相比,2007—2013年粮食生产中劳动边际生产力提高了数十倍,而资本边际生产力则显著降低。进一步释放农业劳动力,必须根据变化了的情况,打破制约农业生产方式现代化的瓶颈,突破口便是通过土地制度改革,鼓励土地流转,扩大经营规模。

很长时间以来,三农政策导向着眼于从多取少予向多予少取转变,对改造农业生产方式、实现其现代化聚焦不够。加强这一导向,有赖于这个产业的自身发展能力以及竞争力提升,也是劳动力流动从而提高资源配置效率的基础,因此,三农政策应该更加聚焦于生产方式本身,政府各项投入应以扩大土地规模为导向。

其次,流动的目标应从横向为主的流动转到横向流动引致的纵向流动。在城乡劳动力市场日益发育的条件下,农民工已在更大的地域范围流动,总体方向是从中西部农村流向沿海城市。在2017年外出农民工中,44.7%流动范围是跨越省界的,而中西部外出农民工的跨省流动比例高达56.5%。劳动力转移和流动越来越充分,以及流动范围的扩大,显著地缩小了地区间工资差距。2017年中部和西部农民工平均工资,分别相当于东部平均工资的90.6%和91.1%,工资趋同趋势明显增强。然而,这只说明劳动力横向流动的效果。完整的社会流动是指通过横向流动的扩大，使处于社会分层不同位置的个人和家庭，有更多机会沿着分层结构阶梯实现社会纵向流动。

农民工未能实现纵向流动表现在以下方面。第一，2017年农民工月工资平均为3485元（其中外出农民工为3805元），已达通常的中等收入群体标准，但是，由于未能均等地享受城市基本公共服务，消费倾向低，尚不能算是真正意义上的中等收入群体。第二，外出农民工的子女要么成为留守儿童，要么成为流动儿童，获得的义务教育质量偏低，会导致代际职业固化从而社会分层固化。第三，外出农民工居住和就业预期不稳定，接受培训机会少、意愿低，职业发展空间被大大压缩。

为了更充分发挥城市化促进社会流动的功能，需要在劳动力横向流动的基础上，推进人口和家庭的纵向流动。作为反映社会公平程度的社会（纵向）流动性，是一整套社会政策的综合结果，也是政策调整的重要依据，最关键的环节和预期效果最明显的着力点，就是从满足基本公共服务需求、消除阻碍流动的体制机制弊端入手，把农民工及其家庭培育为真正意义的中等收入群体。

最后，进入的身份应从作为劳动者的进入转到作为居民的进入。在当下的中国，增强劳动力纵向流动的关键，是在更高层次和更深程度上为农民工群体开启进入城市部门和社会的大门。户籍制度改革是破除流动障碍的关键，因为这个制度内核的存在本身就意味着进入不充分，它还作为一系列导致基本公共服务不均等外围政策的制度依据。

如果说，过去40年消除劳动力流动体制障碍的改革，主要还是在"外围"上用力，现在亟待集中攻关，实现"内核"部分的突破。户籍制度改革最关键一步即农民工的市民化之所以举步维艰，在于改革的收益与成本间存在不对称关系。研究表明，户籍制度改革可以通过增加劳动供给和提高资源配置效率，显著提高中国经济潜在增长率。从需求侧来看，研究表明，农民工获得城市户籍，在其他条件不变的情况下，消费力可以提高27%。但是，这个实实在在的改革红利，却不能为直接支付改革成本的地方政府排他地获得，造成中央政府与地方政府在推进改革问题上激励不相容。

因此，推进户籍制度改革，让农民工及其家庭以市民身份进入城市的关键，在于中央政府对改革进行顶层设计，创新性地安排改革成本的分担和改革收益的分享，形成激励相容。鉴于户籍制度改革的潜在收益，对中国经济可持续增长和中国社会公平正义提高有巨大的正外部效应，这项改革具有全国层面公共品的性质。因此，中央政府承担更大的改革成本支出责任，有助于切实推动改革并取得成效。

THE CHINESE ECONOMY
LESSONS AND INTERPRETATION

第二编

维护经济全球化

顺应发展阶段变化的经济学新思维

中国经济在经历高速增长之后,发生了发展阶段的变化。随着人口红利的加速消失,传统经济增长源泉不再能够支撑以往那个量级的增速,旨在提高全要素生产率的创新发展,虽然是更可持续的增长速度,但将处于逐渐下降的趋势。在新的发展阶段创业、创新以及调控增长,现实中的企业和政策决策者,应该改变关于经济发展的思维方式。

第一个是顺应经济发展的"趋中律"。所谓的趋中律,本来是一个生物学规律,即后代对父母生物学特征的遗传,依据一个回归到均值的轨迹,即不会继续扩大父母的突出特征,而是向平均水平靠拢。这个趋中律,在经济发展过程中也有反映。例如,前几年美国经济学家萨默斯写文章说,中国经济经历了异常的高速增长后要回归均值,这个均值他指的是世界平均增长率。他讲的道理是对的,但是预测中国经济增长速度很快回归均值，则属于误判。

我们对从现在开始到 2050 年中国的潜在增长率做了一个估算，可以看到回归均值的长期趋势，但是，这个过程是长期而缓慢的，在相当长的时间里，中国的经济增长将显著高于世界平均水平，至少仍属于中高速。不过，在这个缓慢减速的过程中，企业行为和企业家的思维需要有所调整。也就是说，在回归均值的过程中不再像之前那样，企业只要找到资源——项目和投资就可以赚钱。这个特征变了，我们要经历一个成长中的烦恼，必须要调整心态。

第二个是强调企业提高生产率，而非仅仅追求利润。司马迁在《史记·货殖列传》中讲："天下熙熙，皆为利来，天下攘攘，皆为利往。"过去对企业来说，主要是要找到别人还没有涉及、利润还没有充分实现的领域去投资，使其利润超过社会平均水平。如今，在新的增长常态下，这样的机会仍会有，但已不像以前那么多了。所以我们要从"皆为利来"转向"皆为率往"，这个"率"就是全要素生产率。企业通过提高全要素生产率从而提高劳动生产率，才能够具有真正意义上的竞争力。过去的竞争力，其实是"皆为利来"的竞争力，今后需要追求"皆为率往"的竞争力。

提高全要素生产率以获得新的竞争力，有两种方式。第一，沿着生产率提高的阶梯把生产要素在产业、部门、行业以及企业之间转移。也就是说，产业结构调整要寻率往高处走，而不是在逐利中往低处走。第二，我们现在必须拥抱创造性破坏。

其实在任何发展阶段上，全要素生产率都在提高，但是在高速增长时期和在高质量发展时期，生产率提高的方式和来源是不一样的。越来越多地需要靠企业的优胜劣汰来提高生产率。

在中国人口红利消失之前的高速增长时期，主要的生产率提高来自资源的重新配置，即把劳动力从农业这个生产率低的部门转向二产、三产，整体生产率就能提高。在产业之间的消长过程中，资源重新配置效率提高的同时，总体来说没有那么多的创造性破坏，更多属于帕累托改进，参与各方都得到改善。但是到了今天，企业和企业之间的创造性破坏，即生死和进退，越来越成为生产率提高的主要来源。在这个创造性破坏过程中，在努力提高竞争力的同时，也会有退出的风险，会有死亡的痛苦，这是我们必须拥抱的一个新变化。

第三个是打破"渗透经济学"的神话。传统经济学有个隐含的假设，即技术变革会自然而然地在一个经济体内部传播，从而可以不断渗透并达至所有部门和企业。这种观点认为，既然每个部门和企业之间都存在着投入产出和市场交易关系，每个个体都处于网络中的一个节点位置，因而可以相互连接在一起。所以技术进步不会使任何市场参与者被排除在外。事实上，在以多样性著称的生产和交易活动中，经济活动主体具有显著的异质性，它们之间的关系并非同质和对称，因而也并不具有相同的连接性。就是说，在技术进步中，既有被遗漏的角落，也会造成受损者。技术进步的成果并不必然会渗透到社会的所有领域，从而也不意味着可以自然而然地促进整个经济体的创新发展。

因此，为了提高单个产业、行业或企业与网络的连接性，以及疏通技术进步和创新在产业之间、行业之间以及企业之间的渗透性，政府应该创造公平竞争的环境，把竞争政策与产业政策相结合，既发挥好市场配置资源的决定性作用，也履行好政府必要的职能。

第四个是要学会接受劳动力市场制度。过去人们习惯认为，市场在资源配置中起决定性作用，意味着所有的要素都以相同的方式表现出来，价格由相对稀缺性来决定。其实，劳动力由于以人为载体，因而是一种特殊生产要素。正如经济学家马歇尔所说，一块砖头用在建官殿还是用于修下水道都不重要，砖头不会有什么不同感觉；但是，劳动力被如何使用，处于何种劳动环境中，劳动者自身则是在意的。

经济发展和制度变迁历史都表明，在劳动力要素的配置中，劳动力市场本身和劳动力市场制度都起着重要作用。我们所熟知的最低工资制度、劳动相关法规、集体谈判制度等，都属于劳动力市场制度的内容。在经济发展的早期阶段，劳动力市场制度曾经受到忽视，但到了更高的发展阶段，人均收入水平提高了，且出现了劳动力短缺现象，劳动力市场制度的作用必须得到增强。各国在经历发展阶段的转折时，都显示出这种转变是一种必然性。

中国经济发展的世界意义

中华人民共和国成立以后,中国经济走上独立自主的发展道路,分别在不同阶段上进行了艰辛的探索,积累了成功的经验和有益的教训,最终在改革开放条件下取得举世瞩目的成就。在前 30 年经济建设的基础上,后 40 年的改革开放逐步消除了计划经济的体制弊端,形成市场经济下的有效激励机制,推动资源重新配置,全方位参与世界经济分工,创造了史无前例的发展奇迹,也对世界经济发展做出了显著的贡献。

一、中国发展经验为什么重要?

今日中国在全球经济的重要地位,既来自过去 40 年的改革开放,也离不开改革开放之前 30 年的探索。1949 年中华人民共和国成立,改变了中国经济的半殖民地半封建性质,使中国走上独立自主的发展道路。20世纪70年代末改革开放之前，中国经济从多年的战乱中得到恢复。人民安居乐业，死亡率大幅度下降，人口转变从高出生率、高死亡率和低自然增长率的第一阶段，进入高出生率、低死亡率和高自然增长率的第二阶段，也是改革开放以后在向低出生率、低死亡率和低自然增长率转变过程中，经济增长收获人口红利的一个必经阶段。

前30年建立起来的完整工业体系，奠定了改革开放期间进行产业结构调整，获得资源重新配置效率的起点。新中国成立之后，中国的工业化战略就确定为重工业优先发展。当时，实施这一战略有其特定历史条件下的合理性。西方国家封锁形成诸多发展的瓶颈，必须靠优先发展重工业来打破。不过，中国经济的确在前30年未能实现对发达经济体的赶超，与世界的差距也拉大了。

事实上，由于冷战以及由此产生的世界经济体系的分隔，那一轮所谓全球化的范围十分有限。只是在20世纪90年代以后，新兴经济体和众多从计划经济转型的国家实行开放政策，深度参与了新一轮经济全球化，才出现了全球范围的趋同现象，使世界经济格局发生了根本性的变化。中国正是这一轮经济全球化的积极参与者和获益者，在40年里对发达国家实现了奇迹般的经济赶超。

进入21世纪的中国经济，以其高速增长、规模扩大和全球占比提高，对世界经济产生越来越大的影响。除了以物质产出的方式对世界经济做出贡献之外，实现成功绩效的改革开放经验和促进发展理念，以及随之而来的对规则制定的话语权、对发展观念的有益见地和对循例的建设性挑战，都是对世界经济的公共品贡献。中国并不谋求世界经济霸权，也不输出自己的发展模式，但是，作为世界第二大经济体、第一大工业国、第一大货物贸易国以及第一大外汇储备国等，中国义不容辞反映自身及广大发展中国家特别是新兴经济体关于国际经贸规则的诉求，引领全球化治理方式的转变。

由于以下突出特征，中国及其发展对于世界的意义尤其重要。首先，中国拥有世界上最大规模的人口，2017年约为世界总人口的18.5%，占人类五分之一的中国人民创造的成就对世界的显著意义，其他国家无可比拟。其次，吸引众多学者尝试回答的关于中国科技（发展）为什么由盛至衰的李约瑟之谜，正是经济史学中旨在探索为什么16世纪以来世界经济出现大分流这个谜题的中国版本。

从满足探索国家兴衰之谜的学术追求来看，中国是迄今为止唯一经历了经济发展由盛至衰再至盛，并接近于完整经历经济发展每一个必要阶段的大国案例。英国古典经济学的先驱大卫·休谟在1742年曾经预言，当艺术和科学在一个国家达到至真至善之后，艺术和科学将不可避免地走向衰微，此后极少甚至永远不会在同一国家得到复兴。迄今为止，中国各个领域发展创造的奇迹，已经在不断打破这个"休谟预言"。

二、世界经济发动机和稳定器

在过去 70 年的经济发展过程中，中国经历了起伏跌宕，有失败的教训更有成功的经验。自从 41 年前开始改革开放以来，中国步履稳定地成为世界上独一无二经济规模足够大、增长速度足够快、不仅改变了自身面貌也改变了世界经济格局的国家。可以说，中国以其作为世界经济的发动机和稳定器，促成了全球百年未有之大变局。

根据世界银行数据，以 2010 年不变价美元计算，中国 GDP 总规模 1978 年排在全球第 14 位，仅相当于世界经济的 1.1％和美国经济的 4.6％。到 1990 年，中国 GDP 在世界经济占比提高到 2.2％，为美国的 9.2％，排在世界第 10 位。到 2000 年，中国 GDP 占世界经济比重为 4.5％，为美国的 17.6％，排到世界经济第 5 位。中国于 2010 年成为世界第二大经济体，GDP 占世界的 9.2％，相当于美国的 40.8％。至 2017 年，中国 GDP 达到 10.2 万亿美元，在世界经济中占比 12.7％，相当于美国经济的 58.7％。

随着体量的增大和保持全世界持续时间最长的高速增长，中国经济的重要性不断提高，对世界经济增长做出巨大的增量贡献。1990 年以后中国经济对世界经济的增量贡献就超过了 10％，2008 年世界金融危机以来则始终保持在 30％左右。特别是由于与世界其他地区相比中国 GDP 增量高度稳定，中国经济作为世界经济稳定器的作用日益突出。

从统计数据看，有或者没有中国经济这个巨大的年度增量，世界经济增长的稳定性是迥然不同的。包括中国在内的世界GDP年增长率方差，自1990年以来明显小于中国以外其他国家总体增长率方差。而随着中国经济年度增量的绝对规模扩大以及稳定性越来越强，中国经济增长对于稳定世界经济增长的作用愈显突出。在21世纪以来世界经济异常变化的年份中，正是由于中国经济的稳定作用，全球波动性得以显著降低。

以中国为主体的新兴经济体乃至更多发展中国家的经济赶超，使得以往只是理论上成立的全球经济趋同，终于开始成为世界经济发展的现实。1978—2017年期间，低收入和中等收入国家的GDP全球占比从21.3%提高到35.3%，中国GDP在低收入和中等收入国家经济总量中的比重，则从5.3%提高到36.0%。在这个时期，按不变价计算，全部低收入和中等收入国家GDP总额扩大了四倍，其中中国的贡献高达43.6%。

作为全球经济趋同的结果，发展中国家人均收入大幅度提高，全球绝对贫困人口规模和贫困发生率前所未有地下降了。其中，中国改革开放带来的发展和分享，产生了提高城乡收入的整体效果从而大幅度减少贫困，对于全球减贫做出巨大贡献。1981—2015年期间，全世界按照世界银行标准统计的绝对贫困人口减少了11.4亿，减幅高达60%以上，中国对世界减贫的贡献为76.2%。

三、从中国特色中提炼一般规律

改革开放之前，中国没有与西方国家和国际组织发生密切的联系，而是在独立自主的环境中探索发展之路。改革开放之后，中国参与国际贸易、引进外资和"走出去"，也与世界银行等国际机构建立了合作关系。然而，中国从改革伊始，便没有接受任何先验的教条，不照搬任何既有的模式、道路或所谓共识，而是服从于发展生产力、提高国力和改善民生的根本目的，坚持渐进式改革方式，秉持改革、发展和分享理念。

中国特色并不意味着不具备一般意义。概述中国改革开放发展分享的过程，可以看到其中体现的逻辑，提炼出一个寻求赶超的国家，应该如何发现并遵循哪些必要的步骤，创造出必要发展条件的智慧。由于挖掘必要条件努力中的每一个步骤，都与体制改革和对外开放紧密相关，所以应该说改革开放是实现增长的充分条件。

第一步，激活"点石成金"的激励机制。在实施重工业优先发展战略的条件下，为了压低农产品价格，以工农业产品价格剪刀差作为工业化积累手段，实行了农产品统购统销制度。为了保证农业中生产要素不致流失，特别是把劳动力严格限制在农业活动中，人民公社制度和户籍制度也应运而生。这一制度"三驾马车"扭曲了资源配置，造成农业生产的低效率和劳动激励不足。在改革前夜，这种体制弊端达到了顶点。

在这种情况下，任何能够改善农业生产现状的变革，都会得到包括农民在内的全体人民的欢迎。在党的十一届三中全会为改革创造了思想基础和政治环境后,家庭联产承包制的迅速普及,就是顺应这一制度需求的变革。劳动努力程度与产量及收入直接挂钩,以及农产品收购价格的提高,激活了激励机制,在极短的时间内显著增加了农产品产量,大幅度降低了农村人口贫困发生率,全面增加了农产品供给。

第二步,展开资源重新配置的结构调整过程。农业中激励机制的改善,调动了生产和劳动的积极性,提高了农业生产率,单位土地面积上使用的劳动时间显著减少,长期积淀的农业剩余劳动力迅速显性化。这时,家庭联产承包制的另一个效应显现出来,即农民获得了自主配置生产要素特别是劳动力的权利。农民遵循劳动力市场上的收入信号,分别进行了经济活动领域和地域的转移。

由于一系列阻碍劳动力流动的体制障碍被逐渐消除,劳动者提高收入的个体动机与资源重新配置的效率驱动力得到衔接,共同推动了大规模的劳动力转移,同时在宏观层面上促进了产业结构的调整和优化。在改革期间,中国整体劳动生产率(实际劳均GDP)提高了17倍,其中劳动力在第一、第二和第三产业之间进行重新配置,或劳动力从农业向非农产业转移做出了高达44.9%的贡献。

第三步,全方位参与全球价值链分工。中国的经济改革与对外开放是同时发生的。始于1979年建立经济特区,先后经历了沿海城市和沿海省份的开放到全面开放;于1986年提出恢复关贸总协定缔约国地位的申请，2001年加入世界贸易组织。贸易扩大、引进外资和沿海地区外向型经济发展，为转移劳动力提供了大量就业机会，引导产业结构转向符合资源比较优势，也为制造业产品赢得了国际竞争力。

作为改革开放的结果，中国经济在长达40年时间里实现了年均9.4%的增长速度。一方面，中国这个成就对于发展中国家对发达国家的赶超，以及对世界经济的趋同做出了巨大的贡献；另一方面，正是由于广大发展中国家参与这一轮全球化，新兴经济体取得了可圈可点的发展成就，世界经济有史以来首次显现趋同的趋势。中国的改革开放既有自身特色，又符合一般发展规律。

四、展望中国对世界经济的新贡献

中华人民共和国已经走过70年的光辉历程，经济发展有前30年的探索及其教训，也有后40年的创新及其经验。无论是走过的弯路还是取得的成功，在知识意义上都是宝贵的财富，值得我们自己珍视，也应该贡献给正在进行同样探索的其他发展中国家，并且值得写入发展经济学的最新版本。根据已经提炼的智慧，按照既定的方向和目标，依据相同的改革开放逻辑和路径，中国仍将继续进行实践探索，争取对世界做出新的更大的贡献。

首先，从时间维度延续和升级经济增长动能。随着中国经济跨过刘易斯转折点，人口红利消失，二元经济发展阶段渐趋完结。从增长动力的角度，支撑经济高速增长的源泉，如大规模劳动力转移产生有利于要素供给和生产率改进的效果逐渐消失，经济增长越来越需要市场机制下的优胜劣汰、人力资本提升、技术创新等途径提高全要素生产率。

然而，正如许多中等收入国家的教训所表明，并非到了这个阶段，新古典经济学的教条便可以水到渠成地引领向高收入阶段的转变。"中等收入陷阱"这个命题的意义就在于，揭示经济增长动能的转换不是自然而然的，而要根据每个国家面对的特殊挑战，创造出挖掘新增长源泉的条件。对中国来说，这就要求全面深化经济体制改革。改革的实质性推进具有提高潜在增长率的效应。考虑到改革效应的前提下，中国的潜在增长率仍会在相当长的时间内，显著高于世界平均水平以及美国等高收入国家的增长水平。这意味着，中国将很快成为第一个完整经历经济发展所有形态，并完成从低收入到中等收入及至高收入阶段转变的最大经济体。

其次，从空间维度延伸改革、开放、发展和分享的逻辑。中国过去41年的改革开放发展具有一定的梯度性，即沿海地区率先改革开放，较早取得经济发展实效，实际体现了"让一部分地区先富起来"。在地区间发展水平差距明显扩大的情况下，有两种机制开始发挥缩小地区差距的作用。第一种机制主要是市场化的，即沿海地区制造业产生大规模劳动力需求，吸引中西部地区农村劳动力的流入，增加了农户收入，提高了整体劳动生产率。第二种机制更多借助政府政策，即实行包括西部大开发战略在内的各种区域均衡战略，促进了中西部地区基础设施和投资环境的改善。

随着中国经济跨越刘易斯转折点，劳动力短缺在沿海地区更为突出，导致劳动密集型制造业最先失去比较优势。中西部地区恰好具备了迎接产业转移的条件，形成"国内版雁阵模型"。同时，中国擘画粤港澳大湾区建设和长江三角洲一体化等区域发展布局，意在通过聚集规模经济保持制造业优势。随着劳动密集型产业最终在中国丧失比较优势，需要形成新的"国际版雁阵模型"，即部分制造业转移到劳动力丰富的周边国家和非洲等地区。"一带一路"以基础设施建设先行，进而带动产业转移，既契合雁阵模型这个一般发展轨迹，也为中国自身的梯度发展实践证明有效。

第三，以分享的理念深化改革和扩大开放。各国寻求经济发展并不是为了发展而发展，而是由于发展带来人民福祉的改善，因此，促进经济发展的改革与开放，只有从这一目的出发才能得到人民的认同与欢迎。过去41年中国在改革开放过程中取得的伟大成就，核心也恰恰在于具有分享性。

随着中国经济进入新发展阶段，市场机制本身的收入分配改善效应将会减弱。在增长模式从投入型转向创新型的情况下，生产率提高的源泉也从产业之间的资源重新配置转向经营主体之间的优胜劣汰，创造性破坏机制的作用将增强，要求加大政府再分配力度，发挥社会政策托底功能；在更高的发展阶段参与全球价值链分工，与发达国家之间的竞争效应会大于互补效应；改革开放越是深入，帕累托改进的空间越小，可能遇到的既得利益阻碍越多。这些都要求在以人民为中心的发展思想统领下，把分享性体现在进一步改革开放发展的全过程。

经济全球化是不可阻挡的历史潮流

美国对中国及其他主要贸易伙伴大打贸易战，不仅是一种针对他国的霸凌行为，而且极大地危害着全球经贸秩序，造成巨大的负外部性，旨在阻挡甚至逆转经济全球化。然而，无论是当今世界经济格局和大趋势，还是作为世界第二大经济体、第一大工业国、第一大货物贸易国以及第一大外汇储备国的中国的因素，都注定了经济全球化是不可阻挡的历史潮流。美国是经济全球化的重要参与者和获益者，所以，这种单边主义、保护主义、国际关系中的霸凌行为也不可能使自己"再次伟大"。

一、世界经济格局多元化和发展中国家因素

当前这一轮经济全球化是广大发展中国家参与的全球化，

以往从未有过。

首先，贸易不再是东西之间、南北之间割裂下的发达国家内部贸易，而是不同发展水平国家之间依据比较优势进行的贸易。例如，高收入国家出口以中低收入国家为对象的比重，从1990年的12.9%提高到2017年的29.1%，进口则从14.8%提高到34.2%。

其次，经济趋同现象第一次发生。1990—2017年期间，从各收入组别的平均水平来看，低收入国家、中等偏下收入国家和中等偏上收入国家的实际增长速度都显著高于高收入国家。结果是中低收入国家占世界经济总量的比重，从22.0%提高到35.3%。中国在中低收入国家GDP总量的占比，则从9.9%提高到36.0%。全球经济趋同也创造出全球减贫的显著成绩。

美国和其他高收入国家也从全球化获益。资本密集型产品出口和对发展中国家的投资，使资本所有者，从跨国公司、全球投资者到华尔街金融机构，赚得盆满钵满。而且坚信所谓的"涓流经济学"，资本所有者在政策决策中具有很高的谈判地位，低收入者和中产阶级未能充分分享全球化的收益。

美国的国内经济政策和社会政策对此难辞其咎。绝大多数美国经济学家，以及美国社会的舆论对此看得很清楚。社会政策在再分配程度上的差异，把美国与瑞典截然区别开来：最富裕20%人群拥有全社会财富的比例，瑞典是33%，而美国高达84%。

嫁祸于中国和其他贸易伙伴，无非两种可能性，要么是缺乏经济学方面的基本常识，要么是转移矛盾，不惜以伤害全球经济和贸易伙伴利益为代价，为自己增加选票。不管怎样，这种做法从思想方法上是民粹主义、民族主义、保护主义，对其他国家也好，对自己的选民也好，有百害而无一利。

二、中国作为世界经济发动机和稳定器作用

改革开放以来，特别是 1990 年进入前十位经济体以后，中国以其巨幅及稳定的经济增量，对世界经济做出显著的贡献。这也相应地从贸易扩大、经济趋同、减贫等方面对世界做出贡献。1990 年以后中国经济对世界经济的增量贡献超过了 10%，而 2008 年世界金融危机以来这一贡献更是始终保持在 30% 左右。1990—2017 年期间，如果没有中国经济及其增长，世界经济会损失 0.43 个百分点，即增长率会降低 15.4%；2007—2017 年期间，这个损失则会高达 0.61 个百分点，降低幅度可达 25.6%。

美国同样高度依赖世界经济。其制造贸易争端并不断升级，试图打击中国经济，阻挠中国的发展，必然以极大的程度损害世界经济增长，甚至存在着使世界从迄今为止取得的成就上倒退的可能。

这种倒行逆施对美国经济自身会怎样呢？国际宏观经济学中有一个现象，可以叫作"外溢"引致"回溢"。在这里就是说，美国对世界经济造成的巨大负外部性，在伤害其他国家之

后，终究会形成反向的影响，必然使美国经济反受其害。

三、扩大改革开放：做好自己就是贡献全球

实际上，对于贸易战的升级，我们并非没有准备。习近平总书记一再强调，我们必须始终保持高度警惕，既要高度警惕"黑天鹅"事件，也要防范"灰犀牛"事件；既要有防范风险的先手，也要有应对和化解风险挑战的高招；既要打好防范和抵御风险的有准备之战，也要打好化险为夷、转危为机的战略主动战。

美国一意孤行升级贸易争端，充其量就是"黑天鹅"和"灰犀牛"两种事件的组合，都在中国防范化解重大风险的预判之中。所以，事态发展绝不会干扰中国的战略部署和实现"两个一百年"奋斗目标日程。

放弃反制、坐以待毙并非面对对方挑起贸易战的通常做法，更不应当是中国作为发展中大国之所为。换句话说，中国对世界经济和经济全球化的贡献不在于此。中国在维护全球规则和秩序、稳定世界经济方面的作为，都要靠坚持和扩大改革开放。从过去40年的经历，中国懂得，改革和开放都会带来真金白银甚至立竿见影的红利，即有助于提高潜在增长率。外部压力不会减弱，反而只会增强我们进一步改革开放的紧迫感。

综上所述的结论是：第一，美国破坏全球贸易秩序、伤害世界经济增长，乃至阻挡经济全球化不得人心。第二，美国不

断升级贸易争端，会给世界经济带来破坏作用，不仅造成中美双方损失，也直接伤害其他发达国家、新兴经济体和广大发展中国家。第三，这种行径必然激起各国的反对，维护国际经贸秩序、制定国际经贸规则，发展中国家因素必将发挥重要作用。第四，中国不想战、不恋战、不怕战，以战反战是合理的做法。同时，做好自己的事情，推进改革，用改革红利稳定增长，用社会政策稳定民生，进一步对外开放，维护经济全球化。

全球化：从广泛参与到多边治理

在世界上一些地区的政治家表现出反全球化的倾向，有些国家甚至明显转向单边主义的时候，让我们来回顾一下最近的全球化历史，来回答以下两个问题：一是为什么要拯救全球化，二是如何通过维护多边治理体系来拯救全球化。

前世界银行经济学家伊斯特利（William Easterly）指出：世界上的穷人面临着两大悲剧。第一个悲剧尽人皆知，即全球有数亿人处于极度贫困，亟待获得发展援助。而很多人避而不谈的第二个悲剧是，几十年中发达国家投入了数以万亿美元计算的援助，却收效甚微。我把这两个悲剧统称为"伊斯特利悲剧"，我认为全球化本应试图解决这个全球贫困问题。

对于全球化，经济学家从低收入国家可以增长更快的假设出发，预期会在富国和穷国之间发生收入水平的趋同，社会学家也从穷国到富国之间的发展历程立论，认为世界各地的进步应该是线性的过程,所以富裕国家先行的路径可以为贫穷国家所重复。然而,至少在20世纪90年代之前,这些假设都没有成为事实,反而是富者愈富、贫者愈贫。只是在那之后即90年代以来,全球化特点发生了变化,产生了新的、更为合意的结果。

首先,更多发展中国家和前计划经济国家开始拥抱经济全球化,使全球化分工的参与者更加广泛,分别在全球价值链中找到了特定的位置,并从中分享贸易、跨国投资和技术外溢的收益。目前构成全球贸易总额84%的164个世界贸易组织(WTO)缔约成员中,超过半数是在1995年1月1日确定的创始成员国之后加入。

其次,更广泛的参与使世界贸易回归李嘉图类型,依据比较优势进行。在东西方冷战和南北方隔绝之下,世界贸易范围狭小、分割,西方国家之间进行产业内贸易(intra-industry trade),原计划经济和发展中国家并未参与全球分工。贸易不再是依据要素禀赋比较优势进行,并且出现以规模经济解释贸易存在理由的理论。而在全球化的参与度更加广泛情况下,贸易类型回归依据比较优势进行的产业间贸易(inter-industry trade),发展中国家以劳动密集型产品与发达国家的资本密集型产品进行贸易,分别在两类国家提高了劳动收益和资本收益。就是说,在新兴经济体,市场力量帮助更多劳动者和低收入家庭分享全球化结果;在一些发达国家,政府社会政策失灵或者说再分配缺失,使一部分劳动者成为全球化过程中的输家。

再次，参与全球分工和通过开放促进国内改革和竞争，为发展中国家创造了利用后发优势赶超发达国家的机会，世界经济趋同的趋势初步显示。以1990年为转折点，在此之前"马太效应"占主导，即起点上人均收入高的国家，随后的增长率更高；在此之后趋同效应占主导，即起点上人均收入低的国家，随后的增长率更高。结果是全球贫困的显著减少。在1981—1993年、1993—2005年和2005—2015年三个时期，世界绝对贫困人口年平均减少分别为0.2%、2.7%和5.5%。在1981—2015年期间，中国对世界减贫的贡献为76.2%。

未来全球化及其治理将表现出两个相互冲突的特征：一是受某些发达国家民粹主义政策影响，出现一定程度的逆全球化趋势，全球治理规则制定中产生单边主义倾向，双边主义机制也越来越难以解决全球共同的问题；二是随着全球经济分布格局和权重均衡性的变化，在世界经济中占有更大份额的新兴经济体和发展中国家，日益成为维护全球化的主导力量，并在国际经济规则制定中增大话语权。这使多边主义不再仅仅是一种价值观，而被赋予了现实的需要、存在的依据和推动的力量。既然广泛参与的全球化的确使更多国家获益，因此，全球化不会依少数国家意志为转移发生倒退。世界各国也的确期待下一轮全球化更具包容性，这就需要以多边主义的思维和机制重新塑造全球化治理体系。

正如生产私人产品的基础设施和机器设备必须折旧和更新一样，作为全球公共品供给者的布雷顿森林体系机构，特别是世界贸易组织也需要与时俱进,进行必要的改革,关键是要维护开放、包容、非歧视等世界贸易组织核心价值和基本原则,保障发展中国家发展利益和政策空间。中国以及其他新兴经济体和发展中国家经验证明,开放合作是促进经济增长的重要法宝,自由贸易和经济全球化是不可逆转的历史潮流,为各国发展提供了强大动力。

为构建更加紧密的中非命运共同体贡献智库力量

在 2018 年 9 月召开的中非合作论坛北京峰会开幕式主旨讲话中,习近平主席宣布中国将同非洲共同实施"产业促进、设施联通、贸易便利、绿色发展、能力建设、健康卫生、人文交流、和平安全"八大行动。这些方面绘就了新时代中非关系的发展蓝图,开启了新时代中非合作的宏伟篇章。作为实施人文交流行动的具体举措,习近平主席还宣布中国决定设立中国非洲研究院,同非方深化文明互鉴。

2019 年 4 月 9 日,依托于中国社会科学院的中国非洲研究院正式在北京成立,习近平主席发来贺信,希望中国非洲研究院汇聚中非学术智库资源,增进中非人民相互了解和友谊,为中非和中非同其他各方的合作集思广益、建言献策,为促进中非关系发展、构建人类命运共同体贡献力量。学习和贯彻好习近平主席的贺信精神，不辜负其中的殷切期望，是中国社会科学院及其中国非洲研究院，以及中国每一个非洲研究者的使命与责任。

一、深化中非合作的重要意义

贺信精神充分体现了习近平主席本人和中方对中非合作及人文交流的高度重视。当今世界正面临百年未有之大变局，最重要的表现有以下几个方面。首先，世界呈现政治经济多极化的趋势，新兴市场国家和发展中国家快速崛起，国际力量对比更趋均衡。其次，经济全球化虽然遭遇逆风但不可阻挡，以多边主义为准则的全球治理体系和国际秩序变革加速推进。再次，新技术革命促进社会的信息化，影响和改造各国的社会生活方式与管理方式。最后，文化多样化深入发展，世界各国人民的命运从未像今天这样紧紧相连。

根据世界银行的数据，2017年中国人口总规模13.9亿，占世界人口的18.4%，国内生产总值（GDP）达到12.24万亿美元，占世界比重为15.1%；非洲54个国家人口12.2亿，占世界总数的16.2%，GDP总量为2.27万亿美元，占到世界经济总量的2.8%。中国作为最大的发展中国家，非洲作为发展中国家最集中的大陆，在这一大变局中都发挥着重要的作用。

中国与非洲经历过相似的磨难，都有着强烈的民族复兴意愿，面临着共同的发展课题，也在诸多方面具有互补性。目前，中国人均GDP已经接近一万美元，越来越接近世界银行定义的从中等偏上收入国家迈入高收入国家的门槛，面对着从高速增长向高质量发展转变的任务。非洲国家绝大多数仍然位于低收入和中等收入国家行列，近年来显现出较好的增长势头，具有很大的发展潜力。非洲既有生育率高、年龄中位数低、劳动力丰富的人口结构特征，以及发展起点低、后发优势强的经济增长优势，也存在着基础设施落后、劳动力技能相对不足、管理能力弱等发展瓶颈。

正如一则非洲谚语"独行快，众行远"所表达的那样，中非双方可以利用现有的知识和技术以及这些方面的互补性来应对共同的挑战。中国在改革开放40年的时间里，实现了同期世界上最快的经济增长速度，人民生活水平大幅度提高，创造了世界经济史上的一个发展奇迹。在这个改革、开放、发展和分享的过程中，中国积累了重要的经验。中国故事背后蕴涵着中国智慧，也可以成为包括非洲在内的其他发展中国家借鉴的中国方案。

例如，在缩小地区差距方面，中国通过实施区域均衡发展战略，加大对中西部地区投资力度，改善了落后地区的投资环境和基础设施条件。随着沿海地区制造业比较优势下降，通过产业从沿海地区向中西部地区转移，实现了区域均衡发展。这个成功的逻辑符合一般发展规律，因而可以通过以开放包容、共商共建共享共赢原则推进的"一带一路"建设获得借鉴，结合中非双方共同的创造力、凝聚力、行动力，帮助非洲各国实现更快的发展。

二、中非文明互鉴：从历史走向未来

2014年，习近平主席在联合国教科文组织总部发表演讲时指出，文明因交流而多彩，文明因互鉴而丰富。不同文明之间的交流互鉴是人类发展进步的动力。中非文明交流互鉴既是双方交往的重要内容，更有助于增进相互理解，深化友谊和合作，也为中国和非洲各国的发展提供动力。非洲是世界古人类和古文明的发源地之一，也是人类最早的产业农业的发源地之一。在长期的经济活动、社会实践和艺术创造中，非洲各国人民积累了丰富的智慧，为世界文明的发展做出了重大贡献。

文明传承是一个国家或民族的内在基因。对拥有这种文明的国家来说，文化自尊和文化自信是发展经济、摆脱贫困、实现复兴的自信之基和动力之源。对合作伙伴或者愿意施以援手的国家和机构来说，任何旨在促进经济发展的国际合作乃至国际援助，都必须建立在对合作伙伴的历史文化和社会规范等文明遗产有足够的了解、尊重和善用的基础上。

一些西方国家对非洲进行过长期的殖民统治，并在经济上实行掠夺，在文化上造成巨大的破坏，使非洲这个物产丰富和历史悠久的大陆遭受了深重的苦难，一度成为贫穷和落后的土地。第二次世界大战之后，非洲国家相继实现了民族独立，走上了自主发展的道路。一些西方发达国家也尝试进行援助。然而，正如前世界银行经济学家伊斯特利在谈到世界贫困现状时所说，世界上的穷人面临着两大悲剧：第一个悲剧尽人皆知，即全球有数亿人处于极度贫困,亟待获得发展援助;而很多人避而不谈的第二个悲剧是,几十年中发达国家确实投入了大量的援助资金,长期以来却收效甚微。

存在第二个"伊斯特利悲剧"的根本原因在于,这些前殖民主义国家,常常不懂得尊重非洲人民的文化和自尊,甚至有时还以吉卜林式的傲慢实施此类行动,不顾援助对象的现实国情,一厢情愿地推行由陌生人——西方专家们炮制出来的减贫计划。对于任何国家、区域、社区、家庭和个人来说,贫困永远是具体的和个案的,由独特的诸种因素或其组合所造成。因此,不能期望在万里之外的制度和文化环境中成就出来的专家、项目官员和慈善活动者能够识别、理解从而解决特殊问题。

中国的改革开放成就,从根本上来自道路自信、理论自信、制度自信和文化自信,其中文化自信是更基础、更广泛、更深厚的自信。这"四个自信"也是实现中华民族伟大复兴的精神养料和实践动力所在。中国人民遭受过长期的物质和文化压迫,懂得自身的文明传承对于民族复兴的重要性,因而也懂得尊重其他民族的文明,善于学习和汲取其他文明的有益价值。这为中非友好合作奠定了扎实的根基,保障了这种合作不受任何风雨的阻挡,不为任何恶意的离间或无意的误解所干扰。

三、中非学者的共同使命与责任

中国非洲研究院将按照习近平主席的要求,依托中国社会科学院的研究力量，汇聚国内非洲研究学者以及非洲各国的学术智库资源，构建中非合作的人文社会科学研究中心、中非双方以及其他各方学者交流合作的平台、合作培养高端专业人才的基地，以及讲好中非友好合作故事的窗口。中国非洲研究院将从以下领域着眼，努力拓展工作，向中非人民提交一份良好的答卷。

第一，通过人文交流渠道和学术交流方式，推动中非文化和历史的交流，促进文明互鉴。例如，以会议、论坛和共同出版等形式，举办有关学术成果、治国理政和发展经验交流活动，促进中非学术创新相互交流，并从理论上对发展智慧进行提炼，为构建新世纪中非社会科学和人文学科，特别是发展经济学做出贡献。

第二，国内各研究单位以及中非双方就重要的学术性和政策性课题进行联合攻关，实施协同研究，包括如何把"一带一路"建设同落实非洲联盟《2063年议程》、联合国《2030年可持续发展议程》以及非洲各国发展战略对接等课题，在求同存异的基础上形成共同的学术出版物和智库成果。

第三，协同中非以及其他各方的学者、媒体和社会团体共同营造良好舆论环境，通过案例研究等多种形式和渠道，讲好中非相互理解、互利共赢、合力构建中非命运共同体的新故事。

胸怀两个大局，发展中非关系

习近平总书记在 2018 年 9 月中非合作论坛北京峰会开幕式主旨讲话，以及 2019 年 4 月 9 日致中国非洲研究院成立的贺信中，擘画了新时代中非关系的发展蓝图，阐释了中国与非洲各国进行广泛合作的行动方案，指明了中非文明互鉴、学术和智库资源合作的方向，对非洲研究者提出了为促进中非关系发展、构建人类命运共同体贡献力量的殷切希望。深入学习和增进理解习近平总书记讲话和贺信精神，对于我们做好非洲研究乃至国际问题研究，加强与非洲学术界、智库及第三方研究机构的合作具有重要的指导意义。

首先，研究非洲人文、经济、社会发展及中非关系问题，应该从中华民族伟大复兴这一宏伟目标出发，立足世界百年未有之大变局这个大背景。2020 年是我国全面建成小康社会的决胜之年、打赢脱贫攻坚战的决战之年，也是"十三五"规划的收官之年。在遭遇新冠肺炎疫情对我国经济冲击，在全球肆虐造成世界经济衰退的情况下，我们仍然有信心实现经济社会发展目标，完成预定的任务。这就标志着我们实现了中华民族伟大复兴"两个一百年"奋斗目标的交接，从此开启建设社会主义现代化国家的新征程。

在一个经济全球化的时代，我国建设社会主义现代化国家的征程与实践，必然与世界经济与政治环境紧密相连。认识世情及其与国情的关系，根本在于深刻认识世界面临的百年未有之大变局。现代世界格局所发生的这一根本变化，证明了恩格斯在170年前对世界历史演变的精辟论断：世界没有永恒不变的中心。

这个变化首先表现为世界经济的多极化。发展中国家以更快的经济发展速度赶超发达国家，世界银行定义的低收入和中等收入国家人口占全球人口总数的比例，1992年为81.3%，2018年为84.1%，在这期间这些国家的经济总量占世界经济的比重，从15.3%大幅度提高到36.9%。与此相应的是国际治理话语权的多元化，新兴经济体和发展中国家在全球治理中发挥着越来越重要的作用。这些变化为中非24亿人民的合作和共同发展创造了更坚实的基础。

其次，中非学术交流和智库合作，应该立足于发展中国家之间的平等交往和对等交流，以造福中非各国人民为目标，努力为世界和平和人类发展事业做出更大贡献。中国作为最大的发展中国家，非洲作为发展中国家最集中的大陆，中非关系是人类命运共同体最好的诠释，相互合作和共同发展可以为世界带来积极的变化。在这个世界上，每一个国家都具有不同于其他国家的特殊国情，处在不同发展阶段上的国家也必然有着不尽相同的任务目标和优先序。

同时，促进本国经济社会发展，改善人民生活水平，既是各国的共同愿望，也是对世界和平和发展的贡献。此外，中非各国也都乐见中非合作的话语权牢牢把握在中非双方，希望包括第三方在内的国际社会形成正确的中国观、非洲观、中非合作观。中非之间的这些共同点已经足够多并且足够重要，因而也构成了足够深厚的民意基础，双方各国之间完全可以撇开差异性，以求同存异的态度加强各方面合作，共同而平等地从合作中受益。

再次，在共建共享、互利共赢的基础上推进"一带一路"建设，为促进中非关系发展、构建人类命运共同体贡献力量。中国和非洲各国有着相似的历史遭遇，也有渴望和平与发展的相同理念，合作共赢也具备国际经济学和发展经济学理论的支撑和既往发展经验奠定的基础。在历史上，非洲人民遭遇过殖民主义的残酷压迫，在独立发展经济的过程中也遭受过许多脱离非洲实际的"援助"理念的干扰。全球化的历史，特别是上一轮经济全球化的经验教训表明，经济全球化与经济增长和技术进步一样，并不会自然而然地使所有的国家和一国内所有的群体均等获益，共享发展需要正确理念的引领以及在实践中参与各方的协同努力。

随着世界经济格局和国际治理话语权的东升西降，中非各国的经济贸易合作是基于投资和贸易领域的全球化趋势和共建共享理念，着眼于在资源禀赋、发展阶段和产业结构方面体现出来的比较优势的互补。共同推动中非"十大合作计划"和"一带一路"建设同非盟《2063年议程》的良好对接，是以造福各国人民为宗旨，加强双方合作的重要切入口。

最后，通过文明互鉴和人文交流，加强中非双方治国理政和发展经验的研究和分享，促进中非各国民心相通。民心相通是最为深入、最能持久、最具基础性的互联互通，是中非合作实现健康可持续发展的根本保障。当今世界上涌动着逆全球化、民粹主义、民族主义和贸易保护主义等暗流，这些思潮以及受其影响形成的政策倾向，不可避免构成对中非合作的种种干扰。破除这些不利干扰，最管用和最靠得住的途径是实现民心相通。增进对彼此的文明和文化的了解，是深层的文明互鉴和民心相通；而进行各国治国理政和发展经验的比较研究，对加强经贸合作具有现实意义和紧迫性。

中国在70余年的建设过程中，特别是在改革开放40余年的发展历程中，创造了人类社会发展的种种奇迹，积累了中国经验，提升出中国智慧，形成了中国方案。同时，中国从自身发展的经验教训中也得出结论，每个国家的发展都应该立足于自身国情，不应该照搬他国的模式。因此我们并不主张输出自己的发展模式，更不会在合作中把自己的理念强加于人。

然而，既然中非各国有着相似的经历和相通的愿景，不同国家的发展条件和特征也曾经表现在同一国家的不同发展阶段上，各国发展经验仍然可以对其他方具有启发性和可借鉴性。因此，中国在坚持实施改革开放政策、推动工业化和城镇化、挖掘利用人口红利、实施区域均衡发展战略、加强基础设施建设、实施农村贫困人口脱贫攻坚战略等方面的经验，可以作为非洲国家促进经济发展和实现现代化过程中的经验借鉴。

哪些因素扭曲全球供应链？

伦纳德·里德在著名的《铅笔的故事》中讲述了一支简简单单，仅含木头、油漆、标签、金属片和橡皮的铅笔，是在世界不同角落的各行各业生产者合作之下被生产出来的。这里描述的其实就是如今相当流行的现象——全球供应链。虽然60余年前的这个铅笔的故事还是一个相当初级的版本，但是，全球供应链的基本要素都已经包含其中。更重要的是，从这个故事里，可能扭曲和破坏这个供应链的主要因素已经呼之欲出。

对里德这篇散文推崇备至的米尔顿·弗里德曼，把这个故事用在自己更为著名的电视系列片及同名畅销书《自由选择》中，并且对故事的内涵做了进一步的引申。一如既往地，弗里德曼强调的是千千万万彼此并不相识的生产者，无论是否需要一支铅笔，并不需要掌握他人具有的知识和信息，也无须借助一个中央计划者，仅凭价格机制而形成了最有效的合作，达成了人人获益的目的。

在新技术革命和更高版本全球化条件下，全球供应链无疑较之里德和弗里德曼时代所见现象远为复杂，但是，许多可能扭曲这个过程的因素是相同的，半个多世纪以来徘徊不去。当然，如今也存在他们当时看不到或者没有讲出来的新因素。从中国作为全球供应链的最重要参与者的角度，本文揭示若干个里德和弗里德曼讲到的和没有讲到的可能干扰全球供应链的因素，以示对政策抉择的警醒。

一、早产型比较优势变化

在开放条件下，一个国家的某个或某些产业在全球价值链的地位从而在全球供应链的位置，会因该国资源禀赋从而比较优势的变化而改变。例如，当一个国家完成了劳动力无限供给的二元经济发展过程，就不再具有在劳动密集型产业上的比较优势，在全球供应链的位置就要做出相应的调整。由于资源禀赋的变化是逐渐发生的，供应链的变化也可以是渐进的，足以让参与各方来得及做必要的反应，使整个供应链从容进行吐故纳新。

但是，也存在一种现象，即一个国家的比较优势变化具有早产的性质，因而过早过急地对全球供应链产生冲击。这样，这种因素就形成对供应链的一种现实干扰。被称为全球制造业中心的中国，劳动密集型制造业比较优势的过早过快弱化，就造成了这样的效果。这种情况，里德和弗里德曼没有讲到过，或许也没有见到过。

当我们说一个经济体具有劳动力无限供给特征时，其实在表达两种现象：一是农业这个剩余劳动力蓄水池仍然积淀着未被充分利用的劳动力；二是人口变化动态仍然不断向这个蓄水池注入新成长劳动力。中国在2004年迎来刘易斯转折点之前，就是同时处在这样的阶段——农业中存在大量剩余劳动力，同时劳动年龄人口持续增长，使中国经济具有丰富的劳动力，在改革开放条件下，人口红利被转化为劳动密集型制造业的比较优势。

但是，2004年以后劳动力短缺和工资迅速上涨，致使制造业比较优势迅速被削弱的现象，并不意味着剩余劳动力真的被消化殆尽。实际上，在这个转折点的形成中，人口因素发挥了最主要的作用，表现为2010年之后劳动年龄人口进入负增长。与此同时，农业中的剩余劳动力仍然受到户籍制度的束缚而并没有彻底转移。直到2018年，根据国际劳工组织数据，中国农业劳动力比重仍然高达27%，而高收入国家平均只有2.9%，中国所属的中等偏上收入国家平均为21.9%。

在仍然存在农业剩余劳动力的条件下，遭遇到非农产业劳动力短缺和工资过快上涨，就会导致早产的比较优势变化，一个突出的表现就是制造业比重过早下降。制造业增加值占GDP比重一般遵循一个倒"U"字形变化轨迹，通常会首先经历一个逐渐上升的过程，到达一定发展阶段，该比重达到峰值后便转而缓慢下降。中国制造业比重在1996年便在36.8%的水平上达到了峰值，不过，在随后的十年中并没有明显下降，而是保持相对稳定。在2006年之后，随着刘易斯转折点到来，该比重才从36.2%的水平上一路下降。2017年制造业比重已经降到了29.3%。

国际比较表明，中国制造业比重下降并非瓜熟蒂落的结果，而是早产的比较优势变化的反映。1953年，美国制造业增加值比重在26.8%水平上开始下降，按照2010年不变价，当年美国的人均GDP为16443美元，农业劳动力占全部劳动力的比重已经降到7%。日本的制造业比重在1970年从34.1%的水平开始下降，人均GDP达到18700美元，农业劳动力比重为19%。可见，这两个国家在制造业比重下降转折点上，都属于世界银行分组中的高收入国家，产业结构高度化都达到较高的水平。

中国制造业比重开始下降时，人均GDP只有3069美元，尚处于中等偏下收入国家行列，农业劳动力比重更高达43%。这种早熟型的"去制造业化"，使中国的劳动力重新配置失去了提高劳动生产率的方向（因为制造业劳动生产率不仅高于农业，而且高于服务业），为制造业向更高价值链攀升设置了太紧的时间表。更重要的是，由于全球供应链是在相对长期的时间里形成的，是参与各方制造能力和连接程度的综合结果，"巨婴的早熟"不可避免为全球供应链施加调整不及的压力。一组数字可以印证这些可能的效应。随着制造业比重下降，表明对全球价值链参与度的前向中间品和后向中间品的出口比重，分别从

2008年的11.6%和12.5%下降到2015年的8.5%和9.4%。

二、超大型公司的垄断倾向

围绕人工智能和大数据的飞速发展，企业家与经济学家之间就计划经济是否可以复活展开了讨论。经济学家援引哈耶克的有关论述，试图否定计划经济的复活或回归。按照哈耶克的观点（弗里德曼从铅笔的故事中也引申出同样的道理），知识和信息是分散的，只有通过价格体系或市场机制而不是通过中央计划者，才能将其激励成为千千万万企业家或其他当事人的有效经济活动。

参与这场争辩的经济学家被企业家蒙蔽了，以致走向错误的论证方向。面对具有学习能力的人工智能和无限发展空间的大数据，即使不是现在，不远的将来也会证明，我们已经不再能够百分之百地确定知识和信息必然是分散的，因而也无须假设只有在试错中才能筛选出可供决策使用的正确信息。其实，当下提出所谓计划经济的问题，本质上反映的是，执新技术发展之牛耳的巨星企业所有者或代理人，对于自己在未来社会中控制地位的判断和意图。

看来经济学家忘记或者忽略了，恰恰是在他们所引用的《知识在社会中的利用》中，哈耶克先知先觉般地指出，在中央计划与市场竞争之间还存在着第三种状态，并警告其存在的危险性。这就是企业的垄断。经济学家在论战中还引用了凯恩斯的名言——"无论是早还是晚,无论是好还是坏,危险的始终是思想,而不是既得利益群体。"事实上,既得利益的存在和现身一定早于思想,而且在多数情况下产生坏的和危险的影响。

在新技术革命和全球化环境中脱颖而出的这种企业有很多名称:超级明星企业、大型科技公司、公司巨人、独角兽企业,等等。它们共同的特点是超级大,并且从诞生那天就以大为美,因而不遗余力地追求扩大自己的规模。为达到这个目的就要无所不用其极,从收购与兼并到上市与私募,一切服从于扩大规模。

独角兽企业就说明了这种规模倾向。这个名称的发明者,将其定义为通过公开上市或私募达到估值超过 10 亿美元的创业公司。而创制于脸书的所谓"增长团队"的兴起,更说明这个扩大规模的冲动有多么强烈。增长团队成为企业 CEO 的最宠爱团队,被称为"企业最重要的产品特征"(马克·扎克伯格语),实际上就是以最不计代价的方式吸引最大规模的客户,技术创新也被用来为此服务。有无数案例表明,这类企业从不盈利,甚至也不追求盈利,风险投资人也不管其是否盈利,只是一味支持其扩大、扩大、再扩大。

据说扎克伯格学生时代的梦想就是把全世界连接起来,他后来所做的事业正是建造一个以数据为中心的社交网络,连接着整个世界。然而,正如尼尔·弗格森指出的那样,社会网络每一个节点的地位并非相等,其中的个体(可以是个人、企业、组织以及其他社会活动参与者),也并不具有相同的连接性。因此，所谓"连接"便是把所有的信息集中到一个中央指挥部来统筹，也就是亿万普通人"被"这些超级巨型企业来"连接"。为此这些企业表现出无所不做、无所不能的特点。

例如，亚马逊就绝非一个打折零售商所能界定的企业，而同时是市场营销平台、派送和物流网络、支付服务商、信用贷款机构、拍卖行和出版商等。互联网、大数据时代的金融科技和经营零边际成本性质，则如为欲望之火添加助燃的薪柴。天下熙熙皆为利来，天下攘攘皆为利往，它们的利益究竟何在呢？无非是获得尽可能大的市场份额，进而排挤掉竞争对手。

市场高度集中、过度集中所导致的垄断从来都是恶魔。在欧美国家，越来越多的当事人和观察者发现，在当今这个时代，从制造挤出效应，阻碍技术创新，把千千万万参与者的信息加以垄断拥有、滥用，欺诈，侵权，扭曲，从而造成对供应链的破坏，到导致工资增长停滞、收入不平等，直至政治上的民粹主义，无不与这种巨星企业的垄断有关。一旦这种垄断行为再寻求政府的保护和补贴，那就更是如虎添翼，危险至极了。

三、单边主义的破坏作用

如同 60 年前一支铅笔的生产过程涉及从巴西到俄勒冈，从东印度群岛到加利福尼亚，从锡兰（今斯里兰卡）到密西西比千千万万互不相识、却在价格机制下密切合作的生产者一样，全球供应链也是由遍布世界各地的制造者和供应商构成的网络。

虽然谈不上存在着一个多边框架，却是个多元化的合作过程。正如弗里德曼所说，参与分工的人们分属不同国家，讲着不同的语言，信奉不同的宗教，或许还彼此怀有敌意，但是，这些差异却无一可以阻止人们合作生产一支铅笔。我们还需要补充一句：谁也不可能在合作中持续地"占便宜"或者"吃亏"。

把国内的民粹主义政治倾向、国际关系中的民族主义意志，以及贸易和投资中的保护主义政策合并在一起，必然产生一种单边主义行为。从下面我们将描述的思维模式、行为方式和政策举措，不难识别出典型的单边主义表现，相应地，也就可以推论出其对全球供应链可能造成的破坏。当然，就当前的针对性而言，我指的无疑就是美国及其决策者的思维方式和政策导向。

奉行单边主义的决策者认为自己的国家在参与全球化中"吃了亏"，而且这个"吃亏"发生在与几乎所有贸易伙伴之间。看似奇葩，这种观点的形成也确有其根源。至少从20世纪90年代以来的这一轮全球化，具有诸多不同于以往的特点。在90年代之前，东西对峙和南北隔绝，使得国际贸易仅仅局限于西方国家之间，表现为产业内贸易。此后，前计划经济国家和广大发展中国家参与到全球化之中，国际贸易回归为产业间贸易，发生在处在不同发展水平的国家之间。很显然，发展中国家以劳动要素交换发达国家的资本要素，贸易的结果分别增加了发展中国家劳动收入和发达国家的资本收益。

由于美国新自由主义经济理念大行其道，坚信所谓的"涓流经济学",并且有着与其富裕国家地位十分不相称的再分配政策,虽然资本所有者从全球化中赚得盆满钵满,低收入劳动者和中产阶级却不能分享。早期的应对策略可以说是关注国内的民粹主义经济政策,如实施过分宽松的宏观经济政策,把没有偿还能力的家庭也诱导到次贷这种现代庞氏骗局之中,直至导致世界性金融危机和经济衰退。而最新的领导人则把矛头转向国外,基于单边主义形成一个中央作战指挥部,指摘所有的贸易伙伴为"占便宜者",采取了罕见的保护主义措施。

如果说早产型比较优势变化和超大型公司的垄断,会因有关国家对自身产业的伤害,形成外溢效应进而在特定程度上损害全球供应链的话,单边主义政策则是从一个点上全面出击,从多个方向攻击全球供应链,会造成多环节乃至全链条的功能受损。首先,以惩罚性关税为武器的贸易战,造成的最大恶果是扭曲价格,按照弗里德曼的说法也就是扭曲信息,使供应链在错误信息环境下无所适从。其次,对他国处于供应链重要环节的生产者实施制裁和封锁,则意味着直接冲击供应链,造成链条的硬伤或断裂。一句话,超级大国的单边主义政策,通过打击全球供应链,必然对世界经济造成莫大的负外部性。

四、如何维护全球供应链?

前面讲到的三个方面,远远不能穷尽造成全球供应链扭曲的因素,却是当前对于中国最具针对性和紧迫性的问题。尤其是，这三种现象已经不仅是可能性，而是现实危害着中国的全球价值链地位和参与全球供应链的方式，所以我们既不能掉以轻心，更不应该坐以待毙。以此为问题导向，我们以更大力度推进更深入的改革和更高级的开放。

首先，促进生产要素特别是劳动力的充分流动。中国仍有巨大的农业劳动力可供转移。不要说与高收入国家相比，仅与中等偏上收入国家平均水平相比，中国的农业劳动力比重也高出5个百分点，而按照2018年的经济活动人口总量8.1亿来看，转移出一个百分点的农业劳动力就意味着增加800余万非农产业劳动力。通过户籍制度和土地制度的改革，推动劳动力转移和农民工在城市落户，可以大幅度缓解劳动力短缺，抑制工资上涨趋势，延长中国制造业的比较优势。

其次，把市场在资源配置起决定性作用的改革方向变成具体的改革日程，构建充分竞争的市场环境。以制度安排保障企业不论规模大小、姓公姓私，政策上一律平等对待，公平参与市场竞争。政府的鼓励政策应该更多用于中小微企业，而对于大型、具有天然垄断性质的大公司，则应该加强规制，将现实的垄断行为防患于未然。

最后，扩大更高水平的对外开放。面对美国的单边主义行为，中国最根本的策略就是以扩大开放，反对和抵制各种形式的保护主义措施。虽然全球化遭遇逆风，世界经济格局和态势仍然于我有利。例如，1990—2017年期间，美国经济全球占比从23.9%下降到21.6%，同时发展中国家GDP占世界比重从

22.0%提高到35.3%；美国制造业比重从15.9%进一步下降到11.6%，而中国的这一比重在2017年仍然高达29.3%。可见，中国应有足够的信心以及切实的方案，加强与世界经济的紧密联系，而不是回到"内向"发展或接受"脱钩"。

应彻底摒弃"涓流经济学"

美国社会舆论关于中国等新兴经济体夺走了工作岗位的说法,在经济学中的反映是这样一个立论:新兴经济体以廉价的生产要素甚至不公平的竞争手段,通过贸易和产业转移导致美国工作岗位流失到海外。在这方面,有研究者提供证据,把岗位流失归咎于经济全球化过程中产业链重新布局后的贸易格局,进而直接把矛头指向中国等新兴经济体。

与此同时,也不乏研究发现,这些发达国家遭遇的普通技能岗位流失,并不仅仅是全球范围产业链分工的结果,其实更重要、更持久、更有普遍意义的岗位流失,在于自动化过程中的机器和机器人的应用。在这方面,有研究表明了,自动化以及相应的生产率提高,是岗位流失更重要的因素。例如,一位TED演讲者指出,2000—2010年期间美国570万个制造业岗位的流失,87%是由于应用自动化技术导致劳动生产率提高所造成的。

于是，在对美国岗位流失原因的研究中，实际上形成了"贸易主因说"和"技术主因说"的对立或者关于两种因素相对重要性的争论，而且两种假说都得到了实证经验的检验。例如，特蕾莎·福特等人的研究，针对"中国冲击"的片面论调，发现对于美国制造业岗位的流失，贸易（外国竞争）因素和技术（自动化）因素都发挥了重要作用，同时也承认难以准确估计出两者相对重要性究竟如何。

不过，这些作者注意到的一些事实常常是由于竞争导致被迫采用自动化技术，使企业在得以生存的同时，却大幅度减少了雇用人员。可见，贸易因素与技术因素两者是互相交织在一起的，难以区分开来。在现代社会，无论是自主创新还是引进借鉴，解决企业竞争力不足问题的技术总是可得的，即使竞争不是来自国外，也可能来自国内的其他地区或者其他企业。这意味着，贸易和技术因素并非是可以截然分开的独立事件，而是在相互促进和协同作用中达到某种效果，无论是好是坏。

从历史的观点看，贸易和技术这两个事物都是不容回避的。交易和发明，同人类经济活动从来就是相伴相生的，是进步之源泉，所以不能心存侥幸，期望其不存在或者可以人为使其消失。把工资停滞和岗位流失归结为机器的使用和技术进步这种"卢德情结"，如今也扩展至对于贸易、产业转移（外包）乃至经济全球化的对抗。政治家固然懂得朝着这个方向的努力终究回天乏术，但是，为了获得选票，他们毕竟要捡起这根源远流长、屡试不爽的救命稻草。

从认识论的角度看,我们需要放弃目前这种实证主义的研究范式。归根结底,这里讨论的是关于全球化和工业革命产生的收入分配效果,是福利经济学的问题。从实证研究的角度去寻找造成岗位流失和收入分化的原因,已经被证明是一条死胡同。另辟蹊径,需要我们更多地从规范经济学角度认识问题,寻找答案。既然我们面对的可能情景,其实是根据全球化和工业革命后果对政治选择或政策抉择产生的成本与收益做出比较的结果,所以,我们所讨论的归根结底是政治经济学问题。

从理论基础上说,已经到了彻底摒弃"涓流经济学"假设的时候。虽然"涓流经济学"也有其深厚的历史渊源,当代经济学更是从理论上不遗余力论证,政策制定者从经验上尝试证明。一些经济学家和政策制定者认为,一旦经济活动从某个部门甚至单个企业发起,最终会通过涓流效应,使经济整体乃至全社会利益均沾。

例如,弗里德曼指出,在自由市场社会,合理的收入分配伦理原则,便是让每个人得到其运用自己的工具所生产的物品。弗里德曼也谈到国家的作用,但是他强调的并不是再分配,而是界定和执行产权。在理论上坚信这一理念,并且在政策上予以付诸实施的是前美国总统罗纳德·里根,使其成为"里根经济学"的一个重要基点。

克鲁格曼回顾了美国民主党和共和党交替执政过程中,对待收入分配的不同政策倾向与实际不平等程度的关系,得出的结论是，采取什么样的收入分配政策，不是无关紧要的，而对产生的收入分配结果影响十分显著。克鲁格曼的逻辑，反过来看也是有效的，即收入分配的结果又会影响政治风向从而影响政策倾向。美国岗位流失的问题就是这样一个例子，充分反映了"涓流经济学"从理论到实践、从原因到结果、前期政策的后果反过来影响随后的政策制定，及至造成政治分野和社会分裂的完整过程。

法国经济学家托马斯·皮凯蒂以及他的前辈安东尼·阿特金森关于收入分配问题的杰出研究，都毫不含糊地得出了这样的结论：解决收入不平等问题的唯一出路是政府和社会对收入进行必要的再分配。例如，皮凯蒂收集并分析了丰富的各国历史数据，发现资本报酬增长速度大大快于经济增长率，导致财富越来越集中。既然这种趋势分别是长期时序数据所揭示的历史轨迹以及跨国数据所描述的现状，无论市场机制还是时间跨度的自然力量都无法遏止，那么社会干预和政府政策就无可避免。

"后疫情"时期世界经济复苏前景看中国

中国疫情防控成效显著,正在迅速恢复经济活动。作为全球重要的医疗设备和服务的提供者、全球供应链和经济全球化的维护者、全球商品消费者和投资者,中国经济能否顺利复苏,将在很大程度上决定世界经济复苏的结果。

从强制隔离到封城,中国为应对新冠病毒传播而采取的严格措施取得了显著成效,但由此也导致了经济活动部分中断。近一段时期,中国大陆境内新增本土确诊病例几乎"清零",病毒在中国的流行病学曲线呈倒"V"字形下降趋势。然而另一方面,新冠病毒在其他国家的传播曲线仍在上升,峰值尚未到来。

同样,在中国经济即将复苏之际,世界经济放缓,特别是其他主要经济体经济的放缓,正变得更加严重。结合经济全球化背景和疫情的全球发展形势来看,中国经济不太可能沿着典型的"V"字形轨迹复苏。然而，无论是"V"字形还是"U"字形，不容否认的是，中国的经济活动正在迅速恢复。国家统计局调查显示，截至3月25日，96.6%的受访大中型企业已恢复生产，与2月同期相比提高了17.7个百分点。中国3月份的采购经理人指数（PMI）为52.0，同2月份相比增长显著，高于50荣枯线。

也就是说，尽管世界面临经济前景仍黯淡，中国却正成为引领经济复苏的先锋。在人类面临共同敌人，即新冠病毒大流行的威胁之际，作为世界第二大经济体的中国正在引领经济复苏，这不是一场"零和游戏"。经济活动也不应像正常时期那样被理解为国家间竞争的问题。

近年来，中国对世界GDP增长的贡献率约为三分之一。因此，如果中国能够在2020年恢复其经济表现，它将在疫情期间和疫情过后成为全球经济的"稳定器"和"动力源"。中国对世界的重要作用将体现在以下几方面：

第一，最直接的是，中国能够提供医疗器械和医疗服务，无论对于发展中国家还是发达国家，这些都是迫切需要的。中国不仅是世界上最大的医疗器械和药品生产国之一，也是原料药生产和出口、药物研发和医护人员培训中心。在过去几个月同新冠病毒的斗争中，中国已经积累了许多宝贵经验，再加上其丰富的医疗资源，意味着中国可能是世界上唯一一个既有能力又有意愿对外国伸出援手，提供紧急协助的国家。即使疫情进一步恶化，中国仍愿意向陷入困境的低收入的国家提供人道主义援助。

第二，有利于维护全球供应链，为经济全球化保驾护航。危机造成的严重后果之一，是全球供应商或采购商可能在病毒大流行期间或疫情结束之后停止经营活动，造成全球供应链的暂时中断和可能的永久性破坏。目前，中国拥有41个工业大类、207个工业中类、666个工业小类，形成了独立完整的现代工业体系，是全世界唯一拥有联合国产业分类当中全部工业门类的国家。中国自身的经济复苏可以帮助修复全球供应链，防止经济全球化出现倒退。

第三，当世界整体复苏时，将产生对进口消费品和外国投资的需求。待中国国内的生产生活完全恢复正常，将出现三大因素刺激消费：一是疫情结束后，那些曾受疫情和防控措施影响的商品消费将出现反弹；二是虽然一些商品和服务的消费受疫情影响而出现下滑，但另一些商品和服务作为替代品，消费量出现上升；三是疫情催生了新的消费领域，如与公共卫生行为和保持社交距离相关的产品。

与此同时，我们有理由期待中国在疫情过后实施大规模投资。一是为了对抗经济紧缩，国家正在释放足够的流动性，以便在企业层面吸引更多投资。二是包括一些大型基建项目在内的必要刺激方案，有助于缓解失业压力，克服经济发展瓶颈。三是疫情提供了"创造性破坏"的机遇，倒逼制造业转型升级。中国将加强新基础设施建设，重点放在5G网络、大数据中心和人工智能等领域。

新冠病毒是全世界共同的敌人，遏制病毒大流行、恢复经济增长是各国的共同愿望。中国经济能否复苏，将在很大程度上决定世界经济的前景，这是一个不争的事实。

第三编

政策思考与展望

深化改革要进一步处理好
政府和市场的关系

党的十八届三中全会指出,经济体制改革的核心问题是处理好政府和市场的关系,使市场在资源配置中起决定性作用和更好发挥政府作用。习近平总书记在党的十九大报告和庆祝改革开放40周年大会上的讲话,都再次强调使市场在资源配置中起决定性作用,更好发挥政府作用。在过去五年多的时间里,我国经济体制改革全方位推进,主要领域"四梁八柱"性改革基本出台,取得了开创性的成绩。改革围绕转变政府职能、处理好政府和市场关系,在设立自由贸易试验区、发展民营经济、深化国资国企改革、发展混合所有制经济、推动简政放权和"放管服"改革、创新和完善宏观调控等方面取得了显著成效,激发了各类市场主体的活力,推动实现了科学发展和更高质量发展。

把改革开放进行到底，继续推进经济体制改革，仍然要把处理好政府和市场的关系置于核心位置。政府和市场的关系问题实际上是一个全球性的问题，既是经济理论讨论中的焦点，也是各国经济发展实践中的难点。经济学家刘易斯曾经指出一个矛盾现象："政府的失败既可能是由于它们做得太少，也可能是由于它们做得太多。"自从他根据对世界经济史的观察于1955年提出这个著名的"刘易斯悖论"之后，在世界范围内，对于政府应该做什么、做多少的问题理论上始终莫衷一是，实践上也仍然没有破题。我国经济体制改革40年的实践，特别是党的十八大以来开创性的探索，既提出了相关的问题，也积累了宝贵的经验，提炼出关于政府和市场关系的中国智慧，有助于我们加深理论认识，并有针对性地用来指导进一步改革的实践。

第一，在资源配置领域和直接经济活动中，要使市场发挥决定性作用。世界范围的经济发展实践表明，市场既为经济活动主体提供最有效的激励机制，也对各种生产要素和资源提供最有效的配置方式。在改革开放发展的实践中，我们逐步深化了对于市场作用以及政府和市场关系的认识。例如在改革的早期，分别经历了对市场作用的若干个认识阶段，从排斥市场机制到把市场作为计划经济的辅助手段，进而强调计划与市场结合。党的十四大明确了建立社会主义市场经济体制的改革目标。党的十五大以后提出要发挥市场在配置资源中的基础性作用，直至十八届三中全会明确提出使市场在资源配置中起决定性作用和更好发挥政府作用,实现了我们党对中国特色社会主义建设规律认识的一个新突破,标志着社会主义市场经济发展进入了一个新阶段。

市场在资源配置中起决定性作用,就是要在生产、流通、消费等经济活动各个环节,通过形成完善生产要素市场和产品市场,以要素的相对稀缺性和产品的供求关系决定价格,形成对投资者、创业者、生产者、流通者和消费者的引导信号,依此配置资源、平衡供给、鼓励竞争,进而达到提高资源配置效率和激励经济活动的目的。过去40年的经济体制改革,始终是围绕建立社会主义市场经济体制进行的,而最终明确确立市场的决定性作用,则是理论的逻辑结论和实践的必然结果。

第二,以人民为中心的发展思想要求政府履行再分配职能,保障实现全体人民共同富裕。曾经在欧美和一些发展中国家大行其道的新自由主义经济政策,通常建立在所谓"涓流经济学"的假设之上,认为使少数人更富的经济政策,最终会通过某种渠道惠及穷人。然而,无论在发展中国家还是在发达国家,都有大量的事实表明,虽然经济增长、经济全球化和技术变革,都可以产生做大蛋糕的效应,却无一能够保证自动把蛋糕分好,反而造成了收入差距扩大的弊端和社会两极分化的恶果。诚然,市场机制通过有效配置资源和激励经济活动主体,是经济增长的必要前提,但是,政府主导的再分配政策却是促进社会公平正义、实现共同富裕不可或缺的手段。因此,处理好政府和市场关系是破解做大蛋糕和分好蛋糕两难的钥匙。

从以人民为中心的发展思想出发，必然要求更好发挥政府作用，把在发展中保障和改善民生政策和产品作为公共品来提供。首先，政府促进社会公平正义，就是旨在疏通在做大蛋糕与分好蛋糕之间存在的种种梗阻，创造条件使人人通过辛勤劳动实现自身发展的机会，共享改革开放发展成果。其次，建立健全具有社会共济性质的社会保障体系，在具有公共品性质的领域提供均等的基本公共服务，在具有准公共品性质的领域引领公共服务供给，是政府需要履行的职能，是政府不容回避和不可缺位的责任。最后，对于因历史、地理和环境等因素产生的社会脆弱群体，以及因突发灾难和冲击事件造成的困难现象，政府要实施特殊的经济政策和社会政策，织就密实的民生保障网，通过扶贫、扶智、救助、托底等手段，使遭遇困难和冲击的人群基本生活无虞，并能同等享受基本公共服务。

第三，宏观调控政策立足于向市场释放引导性信号，通过市场机制、以微观主体的经济活动反应为基础，实施逆周期调节。市场活动参与者并非总是理性的，价格信号也会有失真或扭曲，供求关系既受国内生产的影响也受国际市场的影响，供给侧和需求侧都会产生对经济增长的冲击。这意味着，市场经济总是在不断的波动中，甚至是在逃不开的经济周期中运行的。因此，在市场经济条件下，主要以货币政策和财政政策为手段的宏观经济调控政策也是不可或缺的。

宏观经济政策的作用在于，政府调控部门利用机制化手段放出调控信号，引导微观市场主体行为，实现宏观经济调控意图。通常，一个经济体在特定发展时期具有由生产要素供给和配置水平决定的潜在增长率，而周期性扰动因素可能产生使实际增长率低于或高于潜在增长能力的倾向，分别会产生生产要素利用不足或通货膨胀现象。因此，宏观经济政策的逆周期调节，就是通过或宽松或紧缩的货币政策，以及或扩张或收缩的财政政策，刺激或抑制投资行为和生产活动，使实际增长速度回归到潜在增长率。在市场经济条件下，这种调控的难点在于既要影响引导投资和生产的市场信号，又不致扭曲要素和产品的市场价格，而破解难题的关键，一是让宏观调控意图和引导性市场信号与微观市场主体行为发生化学反应，二是良好把握宏观经济调控的尺度和时长，因时因势地调整政策取向，三是聚焦于逆周期调节和防范系统性风险，避免掺加不属于逆周期调控的政策意图。

第四，产业政策更加突出普惠性，坚持竞争中性原则，注重与竞争政策保持协调性和一致性。在五大发展理念统领下实现创新发展，需要克服一些普遍存在的障碍。首先，对全社会有益的创新活动，对于微观经济活动主体来说却具有不确定性，要根据技术发展方向和比较优势动态变化方向做出预判，既会享受成功的收益，也不可避免承受失败的风险。其次，技术进步的成果并不必然会渗透到社会的所有领域，从而也不意味着可以自然而然地促进整个经济体的创新发展。最后，在经济活动中防治污染和保护环境、在产业结构调整中去除过剩产能等，都具有外部效应，仅依靠市场自身的力量不足以解决问题。由于上述现象的存在，政府实施旨在鼓励微观主体承担风险进行创新的产业政策是必要的，也是各国的普遍做法。然而，正是在这个问题上，政府有形之手和市场无形之手的关系最难拿捏。

化有形于无形的关键在于把产业政策同竞争政策融为一体，使两者协调发挥作用。应该强化竞争政策的基础地位，政府行为要得到规范，确保要素和产品价格信号不被扭曲以及激励机制正确。政府对待市场主体要一视同仁，无问所有制类型、无问规模大小、无问中企或外资，坚持实行竞争中性原则和准入前国民待遇加负面清单原则，为各类企业创造公平竞争环境，避免通过差别性政策优惠在竞争中人为挑选赢家。产业政策的具体实施，则要从过去采用过多的差异化、选择性手段，逐步转向更多采用普惠性、功能性手段。

虽然以上四个方面的概括未必完整，但是，在以处理好政府和市场关系的深化经济体制改革中，都值得高度关注和予以重点解决。进一步概括，在推进改革的过程中，应该抱持以下理念。首先，政府和市场的关系本身并非一成不变，围绕这个问题的改革也不可能一劳永逸。因此，对问题的认识需要与时俱进，改革的重点也会发生变化。当前的改革重点仍然是转变政府职能，减少政府对资源的直接配置行为，给市场自主调节和企业理性反应留出充分的空间。其次，在政府职能和市场作用之间，既要划分出清晰的边界，使之各司其职，又要发挥两者的协同作用，无摩擦地产生同向效应。最后，市场经济体制和机制不是自然而然形成的，既需要足够的历史耐心使其全面发育,也需要时不我待地进行重点培育。这都需要通过深化改革,在顶层设计和于法有据的前提下推动各个参与主体进行制度创新。

工欲善其事：如何合理调整宏观经济政策工具箱

2018年12月19—21日召开的中央经济工作会议要求，要全面正确把握宏观政策、结构性政策、社会政策取向，确保经济运行在合理区间。把经济增长速度保持在合理区间，需要恰当运用相关的政策工具。运用何种宏观经济政策工具，需要根据拟达到的目标，考虑到各种政策结果之间的关系进行权衡取舍，在工具箱中选择。

对于中央政府决策者来说，运用这个政策工具箱的意图，应该主要不是指储存备用的投资项目或者预留的财政收入蓄水池，而应该主要指调控宏观经济的政策工具。而且，这个政策工具箱不应该是一成不变的，既可以进行数量的充实，即把以前不在工具箱的政策措施与时俱进地补充进去，也可以对政策工具进行结构性调整，即把政策工具的存量进行重新归类，放在不同的格子里以便酌情选取,才符合精准施策的原则。

在以往实施的宏观经济政策过程中,曾经有过几次追加宏观经济政策工具的做法。例如,把拧紧土地供给龙头与拧紧信贷龙头结合起来,旨在遏止经济过热和泡沫生长的状况。又如,赋予产业政策以宏观调控职能,以实现以"出手要狠"的果敢稳定增长速度不致过度下滑。虽然时过境迁,以往扩大政策工具的做法也分别付出了代价,却也都表明政策工具箱中的储备和应用,本不必限于货币政策和财政政策这两种传统宏观经济政策手段。本文立足于经济发展新常态与可能的外部冲击交接叠加的背景,就充实和调整政策工具箱提出几点建议。

一、目标明确的改革措施应该进入政策工具箱

把经济体制改革纳入宏观经济政策工具箱,是由中国经济面临的特殊问题决定的。在其他国家特别是在成熟的市场经济国家的一般情况下,宏观经济政策目标是使经济增长稳定在潜在增长率上,即达到所有生产要素既充分得到利用又不会出现通货膨胀的增长率。

在经济发展阶段未发生变化的情况下,潜在增长率通常是一个不变的水平,也就是说,大多数发达国家的潜在增长率是长期稳定的,因而往往也被称作趋势增长率。因此,在这些国家的经济增长遭遇需求侧冲击的情况下,无论是需求过剩导致经济过热还是需求不足导致经济减速,通常可行的政策工具只

是货币政策和财政政策这种传统宏观经济政策手段。政策目标是通过抑制或者刺激需求，使增长速度分别从"高于"或者"低于"潜在增长率的状态回归长期的潜在增长水平，以保障生产要素的充分利用或者通货稳定。而中国经济当前面临的情形，既不同于自身以往的情形，也不同于大多数其他国家的情况。

首先，随着2010年以后人口红利迅速消失，生产要素供给和重新配置的空间都显著缩小，导致经济发展阶段发生根本性变化，也决定了潜在增长率趋于长期下降。因此，宏观经济政策的调控目标必须相应改变，要避免刺激过度从而使实际增长速度超过潜在增长率。

其次，现行的经济运行中仍然存在的各种体制和机制弊端，妨碍着生产要素充分供给和有效配置，因而仍有提高潜在增长率的余地，意味着凡是可以改善生产要素供给和配置的改革，例如通过户籍制度改革增加非农产业劳动力供给以及在产业之间重新配置劳动力，均可以且应该进入宏观经济政策的工具箱。但是，需要了解的是，政策工具运用中这个特殊部分，目的不在于刺激需求侧因素，而是从供给侧提高潜在增长率。

二、政策工具箱应包括民生相关的社会政策

在经济运行的外部环境复杂严峻从而不确定性增多、经济增长面临下行压力的情况下，实施社会政策托底，既是面对外部冲击时确保民生稳定的必需之举，也是在供给侧结构性改革

中必须履行的安全网职能,应该与宏观经济政策配套实施。此外,通过政策调整和体制改革实现收入分配格局的改善,不仅是解决变化了的社会主要矛盾的必要之举,还可以稳定和平衡经济增长的需求因素,抵销净出口需求的冲击和投资需求的疲软。

这项政策的实施也可以直接具有宏观经济调控的效应。例如,在遭遇经济周期性冲击的情况下,失业保险、最低生活保障等社会保险项目的充分覆盖以及保障足额发放,有助于保障普通劳动者群体和低收入家庭的收入和生计,因而也就有利于稳定居民消费从而稳定总体有效需求。

自世界金融危机爆发以来,中国经济增长的需求拉动因素构成发生了很大的变化。例如,在2008—2017年支出法国内生产总值构成中,货物和服务净出口比重显著降低,从7.6%降低到1.7%,预期短期内不会有很大的提高潜力;资本形成比重比较稳定,从43.2%提高到44.6%,从增长的平衡性和可持续性要求来看,这个部分未来至少不应该有进一步的提高;最终消费需求占比从49.2%提高到53.6%,其中政府消费从13.2%提高到14.6%,城镇居民消费从27.0%提高到30.6%,农村居民消费从9.0%下降到8.6%。

根据国际经验,中国最终消费在GDP中的贡献比重仍有很大的提升余地,除了社会政策兜底可以以政府消费的形式较快转化为需求的适度扩大,具有立竿见影的效果外,由于社会政策改革以及基本公共服务改善导致的居民消费,更是拉动经济增长的"三驾马车"中最长期可靠的需求因素。

在中国当前提高消费需求，有两个特别的人口群体最值得关注，也具有最大的潜力。一是农民工群体。2017年全国有2.87亿农民工，其中1.72亿为离开了本乡镇的外出农民工，另一部分即1.15亿为在本乡镇从事非农产业的农民工。无论他们是离开了农村还是离开了农业，都意味着成为工资收入者，消费需求和消费能力显著提高。然而，由于户籍身份妨碍他们获得均等的基本公共服务以及城市落户的预期，抑制了他们的实际消费。

研究表明，一旦通过户籍制度改革获得城市户籍身份，即便其他条件不变，农民工的消费支出可以提高27%。另一个群体是老龄人口。2017年中国60岁及以上人口有2.4亿，占全部人口比重17.3%。中国"未富先老"特征的一个表现就是：人口的收入水平随年龄增长呈现出一个倒"U"字形曲线，即劳动收入从接近20岁才开始有，随后迅速提高并于25—45岁期间达到并稳定在高水平上，以后则逐渐下降，到60岁以后便消失。相应地，消费水平也在30—40岁之间形成峰值，随后便缓慢降低。所以，释放老年人的消费能量，突破口在于稳定他们的劳动收入，增加他们的财产性收入，以及提高社会保障水平。

三、减税降费应作为供给侧结构性改革措施

减税降费是一个重要且有效的政策工具。但是,针对中国当前面临的问题,应该将其作为供给侧结构性改革措施予以推动,而不是当作宏观经济刺激政策来实施。如果一个经济体处于这样的状态,即总体税负与公共财政支出的要求大体适应,政府公共品供给与社会需求总体均衡,则旨在鼓励企业投资和居民消费的减税措施,更接近于是一种在需求遭到冲击情况下的刺激政策。

很显然,有些经济学家建议的临时性减税,或者有人建议在实施减税措施时不必拘泥于财政赤字率的束缚,隐含的理念就是把减税作为宏观经济的刺激手段使用。而如果由于体制原因本来就存在税负过重问题,减税就应该作为结构性改革任务来实施。这样,通常并不需要增加政府负债水平来取得收支平衡,而需要对政府职能进行重新定位。

虽然都是进行减税,将其置于政策工具箱的哪个位置,实施的目的是不一样的,实施的效果也不尽相同,因此,减税政策正确定位有利于明晰实施目标,提高实施效果。

首先,必须靠扩大政府赤字实施的减税,其实就是为了刺激宏观经济而采取的扩张性财政政策。例如,美国特朗普政府减税政策在2018年的表现,就是政府税收收入的显著减少,致使联邦赤字扩大了17%。

其次,作为供给侧结构性改革的减税,一方面旨在转变政府职能,减少政府对微观经济活动和投资的直接介入,另一方面旨在减轻偏重的企业负担。世界银行和普华永道的国际案例比较研究表明,2017年,就中等规模制造业企业而言,中国的总税费率(各类税收和规定缴费占税前利润的比重)为64.9%,比全球190个经济体的平均水平(40.4%)高60.6%。可见,减税作为供给侧结构性改革措施,具有减轻企业负担从而提高潜在增长率的潜力和效果。

第三,作为改革措施的减税,在政府收入和支出上具有自我平衡的特点,即通过所谓"拉弗曲线"效应,在降低税负的同时因改善增长表现而扩大税收总规模。

最后,作为改革措施的减税,具有累进式的再分配政策效果。不同于特朗普政府对于低收入和中等收入群体、中小企业和创业者无动于衷,而减税收益集中到最富的人群的情形,中国经济社会政策的出发点是以人民为中心的,稳就业、稳金融、稳外贸、稳外资、稳投资、稳预期的要求是一个整体,因此,实施减税政策应着眼于创造更加公平的竞争环境,建立优胜劣汰或创造性破坏的机制。

四、积极就业政策须纳入宏观调控政策体系

自经历了20世纪后期就业冲击和劳动力市场改革,中国政府于21世纪初确立了积极就业政策,相应地,就业被纳入宏观

经济调控四大目标之一。为了从理念上更能强调保障民生的重要性以及解决好就业问题在其中的突出位置，在中央文件以及各种重要政策表述中，一直都是把确立和实现就业目标作为一项民生保障的要求，归入社会政策的范畴。在政策表达中这样处理，导致稳定就业的要求在政策工具箱中的位置不恰当，也就造成稳定就业的措施难以同货币政策和财政政策等宏观经济政策有效衔接，就业目标的优先序也容易在政策实施中被忽略。

通过对积极就业政策在政策工具箱中位置的调整，即把实现充分就业的目标以及劳动力市场各类信号纳入宏观经济政策抉择中予以考量、决策和执行，积极就业政策才可能真正落实，宏观经济政策终极目标和底线才更加清晰且可操作，民生得到更好的保障。

例如，长期以来官方统计发布城镇登记失业率数据，但是，该数字长期稳定在4%左右，变动幅度极其微小，也意味着对劳动力市场变化不敏感。由此我们可以将其视为不受周期性因素影响的自然失业率（结构性失业率和摩擦性失业率之和）。至于国际劳工组织建议的城镇调查失业率，在20世纪90年代末和21世纪初经历过大幅攀升之后逐渐得到改善，自2008年之后稳定在5%上下的水平。

应该如何理解城镇登记失业率与城镇调查失业率，并通过这两个指标及其关系认识当前中国的劳动力市场状况呢？通过考察这样的问题，我们随后可以看到，中国劳动力市场已经具备了典型的指标，以及据此做出反应的劳动力市场行为，都为宏观经济政策决策创造了条件。

在早些年中国城镇劳动力市场遭遇冲击以及具有劳动力剩余特征的时期，譬如说2008年之前，我们可以把4%左右的城镇登记失业率看作自然失业率，而把较高的调查失业率与较低的登记失业率之差看作周期性失业率。并且，由于农民工不能享受城市的失业保险，一方面无力承受在城镇处于失业状态，另一方面却可以依托承包地（农业）这个剩余劳动力蓄水池，由此，他们一旦失业通常会返乡务农，所以他们的劳动力市场状况既不影响自然失业率，也不影响周期性失业率。

然而，如今情况发生了变化。一方面，由于农业中劳动力长期短缺，近年来农业机械替代劳动力的进程非常快，农业已经不再是剩余劳动力的蓄水池；另一方面，新一代农民工大多没有务农经历和经验，也没有务农预期和意愿，同时，现在农村家庭的收入状况也使他们能够承受短期不就业，因此，即便遭遇城镇就业困难，他们中很多人也不会返乡。同时，他们能够并且乐于依靠接受较低的工资水平而度过求职期。这样，农民工的劳动力市场状况已经开始影响自然失业率以及周期性失业率。

由于2008年以来调查失业率即保持在5%左右，按照自然失业率的定义，可以把5%的失业率水平看作自然失业率。如果经济增长速度低于潜在增长率，则会发生周期性失业现象，即调查失业率显著高于5%。那时，便是使出刺激性宏观经济政策工具的时机了。

以确保民生为着眼点平衡多重目标

应对前进中的问题、变化中的挑战、成长中的烦恼,中国经济面临的多重任务,涉及国内挑战与国际风险、周期性因素与体制性因素、总量矛盾与结构性矛盾、短期问题与长期问题,等等。解决这些问题既需要各个击破,又不能各自为战、孤立施策,而必须按照中央经济工作会议提出的一个重要方法论予以统筹解决,即从系统论出发优化经济治理方式,加强全局观念,在多重目标中寻求动态平衡。统筹多重目标的着眼点和落脚点,是确保民生特别是困难群众基本生活得到有效保障和改善。在此基础上,各类政策措施可以在最终目标一致的前提下实现协同发力,产生综合性和放大的效果。

一、中国经济面临挑战的特性

2019年,中国的人均国内生产总值预计将超过一万美元。

按照世界银行的收入分组,这意味着中国即将在不久后从中等偏上收入国家毕业,进入高收入国家的行列。在这样短的时间里实现如此大幅度的收入水平跨越,创造了人类经济发展史无前例的奇迹。与此同时,由于坚持中国特色社会主义道路,坚持以人民为中心的发展思想,在改革开放时期中国还创造了社会发展和长期稳定的奇迹。由此出发,在迈向更高收入水平的前进道路上,也不尽是鸟语花香和风正帆悬,而要应对各种各样的风险挑战。

对跨国数据的分析表明,处于中等偏上收入阶段甚至刚刚跨过高收入门槛的国家,经济增长通常会遭遇减速;由于应对的方式不尽相同,减速的结果也大相径庭,因此,处在这样阶段上的国家之间产生巨大的分化。一旦不能及时转变发展方式和增长动能,与发展阶段相联系的自然减速就会过于剧烈,甚至可能演变为经济停滞。在蛋糕不再做大的情况下,各种利益集团就会围绕如何分蛋糕展开博弈。在那些倾向于把较大收入份额集中到少数人手里的国家,通常产生收入分配恶化的结果。为了维系这样的收入和财富分配格局,经济社会体制也趋于固化,社会流动性受到阻碍,人民的幸福感便会严重受挫。这就是"中等收入陷阱"所描绘的现象。

中国经济发展进入新常态,经济增长速度下行是正常的。在认识和适应这个新常态的前提下,也要引领这个新常态,即通过扩大改革开放进一步消除妨碍生产要素充分供给和合理配置的体制机制障碍,通过转变发展方式实现增长动能的转换,以保持经济增长在合理区间。应对诸多风险挑战,保持中国经济持续健康发展,既面临着多重任务目标,还要恰当区分各种因素,才能对症施治。例如,在必须回应来自外部的不确定性因素时,更要集中精力做好自己的事情;在判断经济增长速度是否处于合理区间时,要善于区分周期性冲击因素和体制性障碍因素;在实施积极就业政策应对就业岗位总量不足问题的同时,越来越需要针对结构性就业困难施策;在应对短期市场冲击,对脆弱群体进行兜底保障的同时,还要着眼长期,通过教育和培训提高这些人群的就业能力;等等。

面对多重风险挑战,努力完成多重任务,必须使各项政策手段和各种任务的目标之间保持一致;为了实现效果的相互兼容,形成协同力,也需要加强政策实施之间的协调。在这一点上,我们有独特的制度优势,其中最重要的一条就是,无论相应的政策要达到的具体目标、采取的具体措施是什么,归根结底都是以人民为中心。把在发展中保障和改善民生作为一切工作的着眼点和落脚点,就可以在采取多种政策手段追求多重目标的过程中,取得预想的结果。

二、以民生为着眼点和落脚点

坚持以人民为中心的发展思想,把保障和改善民生作为各方面政策措施的着眼点和落脚点,是优化经济治理方式的关键,可以通过实现发展目的与近期任务的统一,达到多种措施的协同和多重目标的统一。中国经济面临诸多需要解决的问题，每一种任务的直接目标不同，实施的着力点也各异，如何使各项政策措施之间保持协同统一，归根结底要从我们的发展目的出发，即集中解决各种不平衡不充分的问题，满足人民日益增长的美好生活需要。

随着经济发展进入新常态，以要素投入为主的增长因素不再能够支撑以往的增长速度，一方面必须接受和适应新的增长速度，另一方面必须转向通过改革开放和创新，提高全要素生产率，实现高质量发展。与此同时，在新的发展阶段上，加大改革开放力度和提高全要素生产率，也面临着新的难点需要突破，以及更大的风险需要未雨绸缪。

这方面最主要的表现，就是高质量发展不可避免地要面对创造性破坏。从经济学角度来说，创造性破坏就是创新的同义词，是走向高质量发展所无法回避的。与此同时，在更高的发展阶段上，劳动力市场改善收入分配的职能和效应将会减弱；在增长模式从投入型转向创新型的过程中，生产率提高的源泉也从产业之间的资源重新配置转向经营主体之间的优胜劣汰；在更高的发展阶段参与全球价值链分工，与发达国家之间的竞争效应会大于互补效应；改革开放越是深入，人人获益而无人受损的帕累托改进空间越小，可能遇到的既得利益阻碍越多，也会出现一些劳动者群体的转型困境。这都要求政府发挥好宏观调控作用和再分配职能，并将两者有机结合起来。

随着中国经济迈向高收入阶段，增长速度下行是经济发展新常态的一个特点。如何判断和区分趋势性减速与周期性减速，成为宏观经济政策决策的一个难点。这里，确保民生是最根本的目标，由此出发有助于做出更科学的决策。就业是民生之本。劳动力市场信号如反映就业的指标，既是民生指标也是能够反映宏观经济状况的指标，应该成为宏观政策逆周期调节的主要决策依据。从长期趋势来观察，城镇调查失业率在5％左右时，意味着处于没有明显周期性的自然失业率水平。在此基准上，如果失业率出现小幅微升，恰好可以由宏观经济政策的微调予以应对，从而避免大水漫灌式的强刺激。

着眼民生的宏观经济政策，可以实现逆周期调节目标同发展方式转变要求的统一。在高速增长阶段，每逢遭遇需求侧周期性冲击时，宏观经济政策往往着眼于刺激投资需求，特别是推出一揽子投资项目，以保证一定的增长速度，同时稳定就业和民生。在高质量发展阶段，以项目投资为中心、政府主导的刺激方式日益难以产生预期的效果。实际上，宏观政策实施部门和地方政府，既拿不出适当的投资项目，也不应该回到直接介入投资活动的传统模式上去。而直接着眼于保障和改善民生的政策，恰恰可以发挥中国超级规模市场优势，通过稳定和扩张消费需求，实现发展方式转变以及产业和消费"双升级"。

三、民生领域的重点和优先序

保障和改善民生，就是要保障城乡居民收入稳定和增长，提高基本公共服务的供给和均等化水平,特别是真正抓住人民最关心最直接最现实的利益问题,在幼有所育、学有所教、劳有所得、病有所医、老有所养、住有所居、弱有所扶等基本保障方面稳中有进。需要处理好的关系就是要把尽力而为与量力而行有机统一起来。满足人民日益增长的美好生活需要,决定了我们必须尽力而为改善民生,而不平衡不充分的发展现实也构成财力约束,不可能一蹴而就。这时,在整体推动和均衡着力的同时,还应该特别关注那些有利于保障基本生活、阻断贫困代际传递、保持经济持续增长的重点领域,以之作为推进民生工作的优先序,让民生的改善成为改革红利,用以支撑更大的民生改善。

首先,稳定和提高城乡居民收入,进一步缩小各类收入差距。经济增长速度放缓也意味着收入蛋糕做大的速度减慢,这时,遵循共享发展的理念分好蛋糕更加重要。同时,宏观经济波动也会对部分群体的就业和收入带来冲击,需要社会保障网予以充分覆盖和兜底,确保基本民生不受影响。这都意味着,在劳动力市场本身的初次分配基础上,政府应该承担更多的基本公共服务支出责任,实施更大力度的再分配政策。从国际经验看,那些收入分配比较均等的国家,表现出的较小基尼系数实际上是再分配后的结果。例如,在经济合作与发展组织国家(剔除其中收入差距较大的智利和墨西哥),经过税收和转移性支付,基尼系数从平均 0.473 下降到 0.306,再分配政策改善收入状况的效应高达 35.3%。

其次,提高重点人群的技能和就业能力,保持就业稳定,提高就业质量。随着科技革命对经济影响日益加深，中国产业结构调整加速，一些就业群体不可避免受到冲击。这些劳动者转岗时间的长短既取决于他们的工作技能，也取决于政府的公共就业服务水平。公共就业服务平台通过提供更有针对性的技能培训、择业指导和岗位信息，可以有效降低结构性失业和摩擦性失业。在这方面，需要加强政策精准度，补足若干短板。一是瞄准就业困难群体，有针对性地提供就业扶助，在就业市场上不让一个人掉队；二是把农民工纳入社会保障和公共就业服务体系，使其能够享受均等的服务待遇；三是通过技能培训增强大龄就业者对劳动力市场的适应力，提升他们应对渐进式延迟退休所需的人力资本，提高劳动参与率。

第三，通过教育发展和深化，显著提高新成长劳动力的人力资本，保持社会流动性。随着经济增长减速和产业结构变化加剧，社会纵向流动的机会有减少的趋势，相应地，职业地位、收入分层和社会身份趋于固化。教育扩张和均等化是打破这一格局，保持每个社会群体都有机会沿着职业、收入和社会阶梯向上流动，从而阻断贫困代际传递的最有效手段。教育的这一功能是其最突出的正外部性，也表现为较高的社会收益率。促进教育发展和深化，也应该从社会收益率最高的教育类型和阶段率先发力。儿童早期发展和学前教育是所有教育阶段中社会收益率最高的，是政府承担支出责任的领域。此外，在义务教育得到普及和巩固的情况下，高中教育成为提高受教育年限的突破口，其发展也应该由政府埋单。

探讨脱贫攻坚战略的"后 2020 升级版"

党的十九届四中全会《中共中央关于坚持和完善中国特色社会主义制度　推进国家治理体系和治理能力现代化若干重大问题的决定》指出，坚决打赢脱贫攻坚战，巩固脱贫攻坚成果，建立解决相对贫困的长效机制。中央经济工作会议特别强调，要建立机制，及时做好返贫人口和新发生贫困人口的监测和帮扶。按照以人民为中心的发展思想，坚持正确的指导思想和既定的工作方法，以及根据党的十八大以来扶贫脱贫成效，2020年完全可以实现农村贫困人口全部脱贫的目标，做到全面小康"一个也不能少"。

保障和改善民生没有终点，只有连续不断的新起点，扶贫脱贫也是如此。2020 年按照现行标准实现农村贫困人口全部脱贫、建立解决相对贫困的长效机制，以及做好返贫人口和新发生贫困人口的监测和帮扶，三个要求在思维逻辑上和工作方法上是有机统一的,应该从一个完整统一的高度来理解。也就是说,及时探讨未来解决相对贫困问题的长效机制,同时也是当前巩固脱贫成果,打赢脱贫攻坚战的重要保障。针对2020年实现现行标准下农村贫困人口全部脱贫以后,我们面对相对贫困问题应该做什么以及怎样做的问题,笔者认为应该从以下几个方面考虑,探讨扶贫脱贫战略的"后2020升级版"。

首先,保持政策稳定和可持续,巩固脱贫成果。在实现农村贫困人口全部脱贫的最后阶段,所做的工作无疑具有全力冲刺的特点。达到目标之后,要巩固取得的结果,防止出现大幅度返贫,仍然有艰巨的工作要做。达到脱贫目标与形成稳定脱贫的能力不是一回事。由于对于收入水平接近贫困线的农户来说,具有较大的返贫概率虽然是正常的,但是决不容忽视。例如,2018年占全国农户20%的最低收入组农户,人均可支配收入为3666元,大体相当于按现价计算的当年脱贫标准。无论是长期因素,如农村人口变化导致外出劳动力增速减慢,还是周期性因素,如农产品价格波动,都会导致这个收入组农户返贫。因此,政策关键是要把握好脱贫与返贫的动态平衡,让脱贫率始终大于返贫率。

其次,密切关注和积极应对农村新的致贫因素。两类与人口变动相关的情况容易成为农村新的致贫因素,值得高度警惕。第一,农村16—19岁年龄组人口已经从2014年开始进入负增长,意味着每年外出务工的人数减少,对农户获得的工资性收入产生不利影响。第二,随着人口老龄化程度加深,老年人口和残疾人口规模的扩大,将导致失能人群增加,形成新的贫困人口来源。老龄化本身及其派生的失能问题都导致劳动能力丧失或弱化。由于青壮年劳动力外出,老龄化的程度在农村比在城市更显严重,如2015年1％人口抽样调查数据表明,65岁及以上人口占全部人口的比重(老龄化率),在城镇为7.7％,而农村高达10.1％。这些人口因素将是不可逆转的长期趋势,始终构成对巩固脱贫成果的严峻挑战,既需要在应对人口老龄化战略中予以考虑,也要求我们已有的扶贫经验和工作机制能够与时俱进,积极适应和应对。

再次,防范和应对风险冲击型贫困现象。一般来说,诸如金融危机等周期性冲击是躲不开的,由此造成的贫困现象仍会反复出现,并且会波及农业和农村经济,因此农村脱贫工作也需要密切关注,不容有丝毫的懈怠。农户面对市场各种风险时脆弱性尤其突出。在2018年农户可支配收入中,工资性收入占41.0％,经营净收入占36.7％,两者合计占比高达77.7％。这两个部分收入的共同特点是受市场风险的影响都很明显,非农就业机会的冲击或者农产品市场风险,对农户收入影响巨大。特别是收入水平在贫困标准上下的低收入农户,更易受到各种外部冲击的不利影响。此外,除了宏观经济周期现象相关的因素,如农产品市场相关的风险、劳动力外出环境,以及劳动力供求关系变化等之外,相对贫困的农户还容易受到来自农业的自然风险和家庭意外事件的影响。

最后,适时制定相对贫困帮扶标准,探索长期可持续减贫战略。党的十九届四中全会提出"建立解决相对贫困的长效机制"中的相对贫困,并不是指每一个收入组与更高收入组相比较而言的"相对贫困",而是指随着发展阶段变化,按照与时俱进的扶贫脱贫标准确定的生活困难现象。从这方面理解,对于中国"后2020年时期"而言,相对贫困现象将会长期存在,而其应对机制与消除绝对贫困的机制不尽相同,需要通过创新实现脱贫战略体制机制的转变。目前,确定相对贫困标准有两种方法可供借鉴,按照城乡统筹的方式确定符合国情的相对贫困标准和帮扶机制。

一种方法是按照平均收入的特定比例确定相对贫困线。在经济合作与发展组织,一般是以全国人均收入中位数水平的50%—60%作为标准确定相对贫困线。收入中位数与平均收入略有不同。例如,2018年我国农村居民的人均可支配收入平均为14617元,中位数收入为13066元。当年的脱贫标准大约为中位数收入的28%。2020年实现按现行标准全部脱贫之后,即便不改变这个比例,随着农村人均可支配收入的整体提高,针对相对贫困现象的帮扶标准也必然提高。

另一种方法是根据发展阶段或收入水平设立不同的绝对贫困标准。例如,世界银行从2017年10月份开始,为低收入国家、中等偏下收入国家、中等偏上收入国家和高收入国家,按2011年不变价确立了不同的购买力平价收入标准,作为绝对贫困线,分别为每天1.9美元、3.2美元、5.5美元和21.7美元。值得指出的是,为中等收入国家和高收入国家确立另外的贫困标准,并非按照更高的生活标准进行脱贫,而是由于在不同的发展阶段从而处在不同的人均收入水平上,达到同样的脱贫效果需要付出的成本更高。根据世界银行数据,2018年中国人均国内生产总值为9771现价美元,已经高于中等偏上收入国家的平均水平。如果适用5.5购买力平价美元这个贫困标准的话,按照我国现行标准(2020年为4000元,约相当于每天3.2美元这个标准)实现农村贫困人口全部脱贫之后,仍有艰巨的减贫任务。如果在2020年或以后的若干年内我国人均国内生产总值超过中等收入国家与高收入国家的分界水平(如12055美元),我们则需要迎接更大的挑战。

坚决打赢脱贫攻坚战
是全面建成小康社会的最核心目标

在改革开放 40 余年的时间里,中国实施的扶贫战略使数亿农村人口摆脱绝对贫困,对全球减贫的贡献超过 76％。党的十九大作出 2020 年农村贫困人口按现行标准实现全部脱贫的战略部署,是全面建成小康社会的标志性任务和核心目标。党的十九届四中全会要求,坚决打赢脱贫攻坚战,巩固脱贫攻坚成果,建立解决相对贫困的长效机制。2019 年 12 月召开的中央经济工作会议特别强调,要建立机制,及时做好返贫人口和新发生贫困人口的监测和帮扶。第十三届人民代表大会第三次会议审议通过的《政府工作报告》,把脱贫作为全面建成小康社会必须完成的硬任务,对确保剩余贫困人口全部脱贫和巩固脱贫成果作出了部署。当前,我们正处在实现这一重大目标任务的决战决胜时刻。

一、实现按现行标准全部脱贫目标

党的十八大以来，我国脱贫攻坚工作取得了历史性成就。在2012—2019年期间共有9348万农村贫困人口脱贫，平均每年脱贫人口超过1300万。截至2019年底，全国仅剩551万农村贫困人口，贫困发生率降至0.6%，94%的贫困县实现摘帽，区域性整体贫困基本得到解决。这意味着我们距离完成在中国大地上消除绝对贫困的现象只有一步之遥，并且为解决脱贫难度加大的"最后一公里"，甚至应对突发事件造成返贫以及新发生贫困现象留出了必要的余地。

2020年春节以来在我国发生了新中国成立以来传播速度最快、感染范围最广、防控难度最大的新冠肺炎疫情，造成一段时间的经济活动停摆，随后演变为全球疫情的大流行，造成供应链中断等经济冲击和经济复苏的困难。第一季度，我国经济收缩了6.8%，城乡居民可支配收入分别下降了3.9%和4.7%。在以习近平同志为核心的党中央坚强领导下，坚持把人民生命安全和身体健康放在第一位，我国取得了疫情防控的重大战略成果，随后复工复产和复市复业也在有效进行。

在这种形势下，2020年《政府工作报告》未对全年经济增长速度提出具体目标，这是多年来的第一次，却是针对全球疫情和经济贸易形势不确定性做出的实事求是的适当调整。与此同时，报告重申坚决打赢脱贫攻坚战，努力实现全面建成小康社会目标任务。坚持以人民为中心的发展思想，以不断造福人民为经济社会发展根本目标,把确保完成决战决胜脱贫攻坚目标任务作为全面建成小康社会的最核心目标,是2020年不变的硬任务,也是对全面建成小康社会的最本质定义。党中央、国务院作出这一重大决策具有历史性的意义。

首先,彰显中国特色社会主义制度的优越性。在2015年联合国制定《2030年可持续发展议程》的17项目标中,在全球范围消除所有类型的贫困位列第一。我国农村脱贫的现行标准为按2011年不变价计算的2300元,到2020年大约为现价4000元,具体表现为不愁吃穿以及义务教育、基本医疗和住房安全有保障。这是一个显著高于国际通行的每人每天1.9美元(2011年购买力平价)的绝对贫困定义和扶贫脱贫标准。按照这个高标准实现近一亿人的脱贫,标志着提前10年实现联合国可持续发展目标,是中国对世界减贫和人类发展事业的重大贡献。

其次,打赢脱贫攻坚战和保障民生就意味着经济社会发展目标的完成。2020年面临的脱贫攻坚任务,包括帮扶551万贫困人口脱贫、52个贫困县摘帽和2707个贫困村出列,是打赢脱贫攻坚战的关键一役。聚焦剩余贫困人口和贫困县村的特别脱贫困难,针对新冠肺炎疫情造成的经济冲击,坚持精准扶贫脱贫的各种行之有效的手段,保证脱贫前后扶持政策不变、扶助措施力度不减,不仅能够保证全面小康一个不掉队,也直接有助于农村居民可支配收入的增长,实现保障和改善民生的目标。按照2010年不变价格,2019年我国居民可支配收入已达

24582元，2020年脱贫攻坚和稳定民生的努力，确保居民收入保持与GDP增长同步，只要达到1.9%的增速，即可实现翻一番的目标。

第三，实现脱贫目标有助于在更高的民生起点上开启全面建设社会主义现代化国家的新征程。以改善民生福祉为根本出发点和落脚点的"两个一百年"奋斗目标，在时间上是继起的，目标任务和实现手段是相互衔接的。以2020年和2021年为历史交汇点，分别实现第一个"一百年"目标和开始为第二个"一百年"目标奋斗的新征程。只有打赢脱贫攻坚战，按照现行标准实现农村人口全部脱贫、贫困县全部摘帽和区域性整体贫困基本解决，完成符合我国所处发展阶段的目标任务，同时为全面建设社会主义现代化国家的新阶段确立恰当的起点，确定并提出下一个奋斗目标。

二、形成解决相对贫困的长效机制

保障和改善民生没有终点，只有连续不断的新起点。脱贫攻坚也是如此，既没有终点也不是一劳永逸的。就作为发展中国家所处的经济发展阶段而言，以显著高于世界银行推荐的标准，在我国农村五亿多人口中不再有贫困现象，这是人类历史上罕见的成就，也为人类反贫困事业做出了巨大的贡献。然而，2020年按照现行标准实现农村贫困人口全部脱贫这个任务目标，并不意味着全社会和农村的扶贫脱贫任务就完成了。

2019年我国人均国内生产总值（GDP）达到一万美元，超过中等偏上收入国家平均水平，但是尚未达到世界银行分组中的高收入国家门槛（12000美元），意味着我国在实现了全面建成小康社会这第一个"一百年"目标、开启全面建设社会主义现代化国家新征途后，第一个直接目标就是跨入高收入国家的行列。因此，解决相对贫困是按照现行标准脱贫战略的自然延伸。贫困现象本身就具有绝对和相对两个特性。一方面，解决绝对贫困是为了保障所有群体的基本生活；另一方面，基本生活水平的标准也随发展阶段的变化和整体人均收入的提高而变化。相应地，在不同的发展阶段上，贫困现象具有阶段性特点。

从发展阶段特征出发，我们可以从贫困标准的两种确定方式来认识下一步脱贫任务。在经济发展与合作组织国家，通常以占居民收入中位数50%—60%的水平作为相对贫困标准。就这个比例来说，2019年我国农村处于最低收入组的20%住户，人均可支配收入的平均水平仅相当于全国农村住户平均水平的约27%。此外，世界银行从2017年开始尝试为收入分组中的低收入国家（人均GDP大体为1000美元以下）、中等偏下收入国家（人均GDP约1000—4000美元之间）、中等偏上收入国家（人均GDP大约在4000—12000美元之间）和高收入国家（人均GDP超过12000美元）制定并推荐了依次提高的贫困标准。参照以上情况，我们应该在理解相对贫困性质的基础上确定新的脱贫标准。

如果说以现行标准定义的绝对贫困是特定发展阶段现象的

话,相对贫困现象将是长期存在的,因此需要建立健全解决这个长期问题的长效机制。改革开放以来特别是党的十八大以来,我国在脱贫攻坚的实践中形成了一系列行之有效的做法,应该提升和常态化为相对稳定和规范的机制。面对新的发展阶段的相对贫困现象新特点,应该将脱贫工作及其机制与时俱进地提升到新阶段,根据贫困问题新特征赋予扶贫脱贫工作以崭新面貌。

首先,密切关注和积极应对人口老龄化带来的新致贫风险。我国正在进入人口加速老龄化的阶段,2019年,65岁及以上人口占全部人口的比重已经高达12.6%,而由于农村青壮年劳动力大规模外出务工,在统计意义上成为城镇常住人口,导致农村老龄化程度显著高于城市。根据2015年1%人口抽样调查数据,农村老龄化率比城市高出31.2%。随着老龄化程度的加深,农村高龄老年人口和失能人口的规模将呈现扩大的趋势,造成的家庭劳动力短缺问题将成为新发生贫困现象的重要诱因。因此,今后的脱贫政策手段应该同积极应对人口老龄化的措施密切结合起来。

其次,防范和应对各种风险冲击型致贫因素。2019年,在农民家庭可支配收入构成中,工资性收入占41.1%,经营净收入占36.0%,合计占到全部可支配收入的77.1%。在发生不可抗外力导致冲击性事件的情况下,无论是市场因素还是自然因素,对这两个收入组成部分的冲击都会严重影响农户收入和基本生活。这次新冠肺炎疫情的发生就属于这种冲击型风险,既有"灰犀牛"事件那样长期中终究要发生的大概率特点，也有"黑天鹅"事件那样难以预见和不确定性质，必然造成对处于相对脆弱地位的农村地区、低收入农户和人口的冲击。这也提示我们，解决相对贫困问题的长效机制，需要把这种风险因素充分考虑在内，形成及时反应的预警系统和应对机制，以及有效应对的政策手段。

三、完善返贫和新发生贫困帮扶措施

中国农村贫困人口脱贫攻坚战决战决胜在望，游荡在中国土地数千年的绝对贫困幽灵行将就木。实际上，2019年底有17个省份贫困发生率已经低于0.5%。然而，从以人民为中心的发展思想出发，这个在统计意义上已经不具有显著性的数据，代表的是最后要脱贫的人口，也是实现全面建成小康社会"一个也不能少"要求的关键点和难点所在。针对贫困中的贫困这一难度最大群体的帮扶工作手段和力度，不仅决定脱贫目标任务的完成，也决定脱贫成果的巩固，以及防止返贫和新发生贫困现象。因此，要把这部分群众置于脱贫攻坚工作的最核心位置，作为当前脱贫攻坚战决战决胜的帮扶重点。

首先，针对最后的贫中之贫、困中之困，需要高度聚焦和精准施策，提高扶贫工作的科学性和有效性。越是到脱贫攻坚战的决战决胜阶段，越是需要塌下心来把工作做细，防止大而化之、大水漫灌，而要通过建立健全监测系统，运用滴灌式的精细手段逐一帮扶。对未脱贫的情形和易于返贫和新发生贫困的可能性，要采取因地制宜和因人制宜的帮扶措施，并具体落实到家庭和个人层面，针对特定的致贫因素和返贫原因，走好打赢脱贫攻坚的最后一公里。

其次，结合新冠肺炎疫情的冲击特点，把促进贫困地区和贫困家庭的劳动力就业作为帮扶重点。扩大非农就业始终是农村脱贫的一条重要途径。通过劳动力市场，农村剩余劳动力外出务工，提高劳动参与和增加工资性收入，大幅度增加了农户收入。把转移就业作为特定贫困群体的脱贫手段，同时也是一种政府帮扶手段，要超越劳动力市场功能本身。特别是在新冠肺炎疫情冲击下，经济活动一度停摆，贫困地区农民工外出就业遇到较大的困难，劳动力市场出现一定程度的失灵。这要求把促进劳动力外出务工作为脱贫攻坚的任务，输出地和输入地政府协同配合，优先安排贫困地区和贫困家庭劳动力就业。

第三，探讨形成社会政策兜底与扶贫措施的合理边界，实现两者之间的无缝衔接。有一部分贫困群众，因家庭人口结构和身体健康等因素，处于劳动力和就业能力不足的状态，暂时或永久性地无法靠自己的力量实现脱贫，需要用标准恰当的最低生活保障等社会保障制度进行托底。应该按照弱有所扶的民生保障要求和现行扶贫标准，准确识别保障对象和合理确定社会政策托底的保障水平，并把相应的做法确定为完成脱贫攻坚任务后，解决相对贫困问题长效机制的重要组成部分。

最后，把 2020 年实现脱贫目标、形成解决相对贫困问题的长效机制以及防止返贫和新发生贫困的帮扶措施有机协同,与推进乡村振兴战略有效衔接,扩大和巩固脱贫成效。坚持脱贫攻坚的各项政策措施稳定不变、帮扶力度不减,及时出台解决相对贫困问题的新举措和长效机制,并针对最后的贫困人口、易于返贫人口和可能新发生贫困人口,制定和出台更有针对性的大力度举措,确保脱贫工作不停顿、不断档、机制接续、效果延续。

"十四五"时期应大幅度提高再分配力度

在"十四五"期间,我国将跨过世界银行划分的高收入国家"门槛"(人均 GDP 达到 12235 美元)。根据国际经验,在从中等偏上收入向高收入转变的过程中,不可避免会遭遇一些成长中的烦恼,值得吸取教训,从政策层面上未雨绸缪予以应对。特别是,大多数国家在这个阶段上经济增长趋于减速。这固然是符合发展阶段变化规律的现象,但是,由于应对减速的政策办法及其效果不同,相应形成国家之间在经济增长表现上明显分化。

在增长减速因而做大蛋糕效应减弱的情况下,如何分好蛋糕更为重要。应对不当的话,便会形成收入和财富向少数群体集中的趋势,造成收入差距扩大。从世界范围看,中等收入乃至少数刚刚跨过高收入门槛的国家,大多集中在基尼系数超过 0.4 的收入不均等区间。经济增长速度下降的情况下收入分配状况变坏，会降低居民的获得感和幸福感，弱化社会凝聚力，反过来影响经济增长表现。可见，中等收入陷阱与收入不均等之间常常存在着相伴相随的关系。

从跨国数据来看，低收入国家的基尼系数平均为0.404，中等收入国家为0.393（其中人均GDP在6000—10000美元之间的国家为0.415），高收入国家为0.321。从中低收入阶段较大的收入差距到高收入阶段较为合理的收入分配状况，并不是像库兹涅茨曲线暗示的那样，是一个自然而然的结果，而应该归功于更大力度的再分配政策。

例如，从经济合作与发展组织（OECD）国家来看，剔除其中收入分配不均等的智利和墨西哥后，基尼系数的平均水平为0.306。然而，这个较合理的收入分配结果，其实是在0.473的初次分配基础上，经过税收和转移性支付而得到的，这两种再分配手段对基尼系数改善的作用高达35.3%。

就我国来说，这个时期必然遭遇的成长中的烦恼，既有与其他中等收入国家的相似之处，也有诸多与国情相关的特殊之处。这些因素都构成在新的发展阶段上，政府需要加大实施再分配政策力度的理由。

首先，培育增长新动能需要借助创造性破坏机制。我国经济高速增长阶段与特定的人口转变期是重合的，借助劳动力的充分供给、人力资本改善迅速、高储蓄率和投资回报率，以及劳动力重新配置带来生产率提高，我国经济充分利用了这个时期的人口机会窗口，实现了同期世界上最快的增长速度。随着

2010年以后劳动年龄人口减少、人口抚养比提高,支撑高速增长的人口红利迅速消失,要素投入对经济增长的驱动力减弱。

一般来说,全要素生产率应该并且也能够成为长期可持续增长的主要动能。然而,新的增长源泉的获得并非唾手可得。我国与发达国家的技术差距缩小,导致发展的后发优势减弱,农业剩余劳动力的减少导致资源重新配置空间缩小,全要素生产率提高速度相应减慢。根据发达国家的经验,全要素生产率进一步提高的源泉,在于企业间的优胜劣汰,即让有效率的企业进入并生存,让无效率的企业退出或者消亡。这就是熊彼特所说的创造性破坏。

创造性破坏意味着,僵尸企业必须处置,传统产能需要淘汰,甚至传统产业的就业岗位也应该更新。但是,并不意味着"破坏"一切,劳动者和居民的基本生活必须始终受到保护。因此,旨在保障和改善民生的再分配政策力度需进一步加强,社会政策托底是形成创造性破坏环境的前提。OECD国家的经验表明,政府用于保障民生的公共支出越多,劳动生产率提高效果越显著。

其次,劳动力市场的初次分配效应递减。在通过改革开放劳动力资源得到重新配置过程中,城乡居民先是从非农就业机会扩大中增加收入,分享了高速增长的成果;随后,在出现劳动力短缺的情况下,非熟练劳动者和低收入家庭又受益于工资的上涨,得以在一段时间里收入增长更快,在2008年左右逆转了基尼系数等收入分配指标恶化的势头。可以说,在此前的发展阶段上，我国经济发展的整体分享性，在较大程度上依靠的是劳动力市场的初次分配功能。

随着情况的变化，劳动力市场机制改善收入分配的作用必然趋于减弱。一是农村可供转移的劳动力已经显著减少，就业扩大的分配效应减弱。从 2014 年开始，农村 16—19 岁这个年龄组人口（初中和高中毕业生）已经进入负增长，相应导致农村外出务工人数的减少，降低了农户的工资性收入增速。二是虽然由于人口变化，劳动力供给减少是一个长期趋势，但是，企业技术进步并推动机器替代劳动力的进程也逐渐加快，以提高工资吸引员工来应对招工难和用工荒，也不再是一种常态手段。与此同时，在这个新的发展阶段上，改善收入分配的重要性和紧迫性空前强烈，须以再分配政策填补市场机制的功能缺口。

再次，保持和促进社会性（纵向）流动需付出更大努力。在收获人口红利的高速增长时期，教育发展和就业扩大促进了居民的横向和纵向流动。得益于普及九年制义务教育、高校扩招、城乡教育均等化水平提高，以及制造业扩张和劳动力市场发育，劳动力对非农产业的参与率得到大幅度提高，为社会性流动创造了较大空间。特别是，通过打破传统体制的樊篱，居民在劳动力横向流动的基础上，也实现了职业、收入和社会身份意义上的社会纵向流动。

例如，在 2000—2010 年期间，25—29 岁年龄组人口的平均受教育年限提高了 15.9%，相应地，他们在工作中成为专业技术人员的机会增加了 50.1%；30—35 岁年龄组人口的这两个比例提高幅度，分别为 15.2% 和 70.0%。这种基于劳动者整体人力资本水平提高、就业机会增加以及工作岗位升级之间匹配关系的社会性流动，具有帕累托改进的性质，即一部分人群的职业、收入和社会身份改善，并不减少其他群体的机会。

作为发展阶段变化的结果，我国经济增长、人力资本改善和外出农民工增加速度都减缓了，制造业占 GDP 的比重也于 2006 年开始下降。这些变化相应改变了社会性流动的性质，使其具有零和博弈的特点，一些群体沿着社会性阶梯的向上流动，可能伴随着另一些群体的下滑，以往的同向流动可能会变成双向流动。这同时产生一个社会流动的"合成悖论"：每个家庭都力争上游，处于更高职业位置的群体力图保持既有格局，而处于较低职业位置的群体希望打破现状，但总体上社会流动性可能没有显著提高。

这种零和博弈性质潜在地制造出社会不和谐现象。为了避免这种结果的发生，政府需要介入其中，除了做出必要的制度安排促进社会性流动，还应设计更多以基本公共服务供给为主要手段的再分配政策，以加强对脆弱群体的托底。

最后，创新创业的成果分享需要更好发挥政府作用。在改革开放后的高速增长阶段，我国经济发展主要得益于后发优势，即通过国有企业改革和发展、民营经济的扩大以及外资企业的进入，引进、借鉴和学习了发达国家的先进技术及管理经验，实现了创新和创业从而较快地技术赶超。在进入高质量发展阶段的情况下,我国与发达国家的技术差距已经大大缩小,建设现代化经济体系也需要加大自主创新的力度。回应发展新阶段的挑战,越来越多的大型科技创新企业应运而生,成为迎接新技术革命的领头羊,帮助我国不断走近世界科技前沿。

在新的科技革命条件下,报酬递增导致垄断的规律没有发生变化,相反,具有更突出的报酬递增性质的新技术革命,必然产生前所未有的垄断倾向,带来不利于发展成果分享的倾向。(1)垄断必然产生强化资本收益、抑制劳动收益的结果。(2)对于迅猛发展的大型科技企业,普惠效应并不能由其本性中自然而然产生。(3)企业不受限制的集中不可避免会侵害普通消费者的利益,企业缺乏财务纪律的后果则由公共投资者承担。最后,垄断经营阻碍竞争者进入,减少全社会的创业活动和就业创造。

实现技术变革和成果分享,是贯彻新发展理念的两个缺一不可的目标。克服两者之间的冲突,实现两者之间的有机统一,需要政府在再分配方面更好发挥作用,在效率与公平关系上,在理论上突破两者之间处于非此即彼关系的认识误区,在政策中破除鱼和熊掌不可兼得的"取舍悖论"。也就是说,在保持充分竞争性的同时,政府最大限度减小技术进步和企业扩大对普通劳动者的不利影响,特别是通过社会保障体系建设,确保民生不因就业和收入的冲击受到影响。

坚持扩大内需战略基点，
促进形成新发展格局

党的十九届五中全会指出，加快构建以国内大循环为主体、国内国际双循环相互促进的新发展格局。这是在我国全面建成小康社会、开启全面建设社会主义现代化国家新征程、进入新发展阶段，党中央根据我国发展面临环境和条件的新变化，为了重塑我国国际合作和竞争新优势做出的重要战略部署。习近平总书记强调，要以辩证思维看待新发展阶段的新机遇新挑战。形成新发展格局正是党中央准确识变、科学应变、主动求变做出的最新部署，确保我国在"十四五"和2035年之前这个时期实现更高质量、更有效率、更加公平、更可持续、更为安全的发展。

推动形成双循环的新发展格局的战略部署，包括着眼于促进国内循环与国际循环的平衡和相互促进、外需与内需的平衡和相互促进、供给侧与需求侧的平衡和相互促进等一系列更高水平的动态平衡，应把以下三个方面作为重要的着力点，推出切实有效的举措。第一，坚持扩大内需这个战略基点，进一步挖掘和充分发挥我国超大规模市场优势潜力，形成和完善国内大循环这个主体。第二，畅通国内循环和国际循环，完善国内国际双循环的联动和相互促进机制。第三，充分发挥市场在资源配置中的决定性作用，更好发挥政府作用，激发各类市场主体活力，用改革开放的办法形成新发展格局。

一、内需潜力来自规模效应和速度效应

2010年以来，我国就稳居世界第二大经济体的地位。2019年国内生产总值（GDP）总规模达到99.09万亿元，按照世界银行的统计为14.3万亿美元，占全球经济总量的16.4%。以这样大的经济规模，2019年我国GDP增长率为6.1%，在主要经济体中增长最快，显著高于中等偏上收入国家3.8%的平均水平、世界2.5%的平均水平和高收入国家1.7%的平均水平。这种规模效应和速度效应结合在一起，奠定了我国在世界经济中的重要位置。在2009—2019年十年期间，我国经济对世界经济增长的贡献高达28%。GDP总规模及其增长速度，既标志着我国的强大生产能力，也定义了我国的超大规模需求能力，形成经济总量和市场规模上的独特优势。

近年来，在国际经济环境和我国发展阶段都发生深刻变化

的背景下，我国经济发展方式的转变取得新的进展，经济循环特征客观上也发生了重要的变化，既增强了国民经济的平衡性，也对世界经济的平衡做出贡献。例如，我国经常项目顺差与按支出法计算的 GDP 比率，从 2007 年的 9.95% 降至 2019 年的 0.99%；2019 年，在我国按支出法统计的 GDP 总量中，最终消费占比（消费率）为 55.4%，其中 70% 为居民消费；资本形成总额占比（资本形成率）为 43.1%，货物和服务净出口占比（外需比率）仅为 1.5%；在同年 6.1% 的 GDP 实际增长率中，上述需求"三驾马车"分别贡献了 3.5 个百分点、1.9 个百分点和 0.7 个百分点。经济循环中出现的这种新特征，并不意味着我国经济已经转变为内向型发展，也不说明我国经济发展方式转变已经完成，我国经济循环仍然存在进一步平衡的巨大潜力。

外需对拉动我国经济增长仍有巨大的潜力，挖掘潜力需要继续推动形成全方位、多层次、多元化的开放合作格局，利用好国际国内两个市场、两种资源。我国目前是世界上最大的货物出口国。如果把产品和服务出口以及主要收益加在一起，2019 年的世界占比达到 9.7%。如果进一步细化分析，特别是从价值链和更多要素的角度来观察，可以得出我国经济的国际参与度仍然十分显著的结论。例如，在考虑到更复杂的价值链因素情况下，对外经济贸易大学的一项研究显示，我国外需对 GDP 增长的贡献率，比单纯以净出口数据做出的估算要高 19 个百分点。麦肯锡的报告也显示，从贸易、资本和技术等方面综合观察，世界其他国家和地区对中国的依赖度仍在显著提高之中。

二、挖掘我国超大规模市场蕴藏的潜力

党的十九届五中全会提出要以创新驱动、高质量供给引领和创造新需求。拓展投资空间、挖掘资本形成对经济增长的贡献潜力，要与转变发展方式，实现高质量发展紧密结合。以往过度依赖投资驱动的经济增长模式具有不可持续性，仍要继续进行调整，才能实现发展方式的根本改变。与此同时，提高生产率和推动高质量发展也需要投资来支撑。实际上，保持我国经济长期可持续发展的诸多新增长点，往往蕴藏在发展面临的短板制约中，补足短板和形成新增长点，是未来投资的结合点和重要方向。

例如，以发展数字经济为主要方向的创新驱动经济增长，对基础设施建设提出的新需求，不仅体现为数量规模的扩大，更体现为科技含量的提升；以农民工的市民化为核心推进新型城镇化，将形成以为新市民提供均等公共服务为主要内容的建设需求；实施一系列区域发展战略，以及补足区域基础设施短板，也必然产生在新发展理念引领下的建设投资需求；加快社会建设、补足基本公共服务均等化以及新冠肺炎疫情暴露出的公共卫生领域短板，也带来巨大的投资需求。

消费特别是居民消费是潜力最大的内需，而且也是超大规模市场的直接体现。2019年，中国人口占世界人口比重为18.2%，按照汇率计算的GDP占世界比重为16.4%，但是，我国最终消费支出额只占世界总额的12.1%。如果能够使我国

的消费支出额在世界占比达到与 GDP 占比相同，就意味着尚有超过 4 个百分点的消费潜力可以挖掘，由此产生的消费增量相当于英国目前的消费总规模。可以设想，如果进一步把我国消费的世界占比提高到与我国人口的占比相一致的水平，可以产生的新增需求则更为显著。

根据世界银行的数据，2018 年我国最终消费支出占 GDP 的比重即消费率为 55.1%，仍然属于较低的水平，比高收入国家平均水平低 17.9 个百分点，比中等偏上收入国家的平均水平低 9.2 个百分点。不过，这个差距正在迅速地缩小。多年来我国最终消费支出的增长速度，不仅远远快于世界上其他经济体，而且也高于我国自身的 GDP 增长，在 2010—2018 年期间我国的消费率提高了 6.1 个百分点。消费支出的快速增长和消费率的显著提高，得益于居民收入的大幅度提高、收入分配状况得到改善，特别是党的十八大以来城乡居民收入提高与 GDP 增长保持同步。

根据对我国 GDP 潜在增长能力的测算，在"十四五"以及更长的时期里，中国经济仍有能力保持中高速增长，增长速度可以继续显著高于世界大多数主要经济体。要使这个增长潜力充分发挥，就需要有与之相符的总需求保障。保持居民收入增长和经济增长基本同步，一方面，可以通过稳步扩大居民消费，确保人民日益增长的美好生活需要不断得到满足；另一方面，可以通过实现国内大循环为主体的新发展格局，确保我国发展更加平衡和更加充分。

三、畅通国内国际循环及联通和互动

经济增长既需要来自供给侧的动力驱动,包括各种生产要素的供给和配置,也需要来自需求侧的动力拉动,包括出口需求、投资需求和消费需求。供需两侧的诸种因素和条件俱备,国民经济才能循环起来。由于这些因素和条件本来就产生于国内国际两种资源、两个市场,因此,良性和可持续的经济循环,也应该是国内国际联通和相互促进的。在人口转变阶段和经济发展阶段发生变化的条件下,我国经济发展进入新常态,由高速增长阶段转向高质量发展阶段。随着我国全面建成小康社会、开启全面建设社会主义现代化国家新征程,我国进入新发展阶段。在新发展阶段,一方面要通过贯彻落实新发展理念,通过提高劳动生产率和全要素生产率,不断提高和稳定潜在增长率;另一方面也要通过高水平对外开放、开发新的经济增长点和提高居民收入水平,不断扩大内外需求,使需求因素能够与潜在增长率匹配,保障经济增长在合理区间。

我国具有的超大规模市场特征,也体现在生产要素的供给规模和生产率的提高潜力方面,这诸多优势既保障我国经济能够长期保持合理增长速度,也对愿意同我们合作的国家、地区和企业产生不可抗拒的吸引力。目前,我国的资本形成总规模在世界占比高达26.8%,劳动力总量占到全世界的22.6%,由于我国教育发展十分迅速,庞大的劳动力数量也蕴含着很大的人力资本存量。对如此超大规模的生产要素进行有效配置,形成的经济循环规模也是巨大的，既有充沛的活力又有坚固的韧性。

世界贸易的一个新趋势，是从传统的以产品贸易为主转变为以价值链贸易为主，目前全球贸易的三分之二以上是通过价值链进行的。全球价值链的发展以及贸易模式的相应转变，拓展了比较优势的内涵。处在不同发展阶段上的国家，虽然具有不尽相同的技术水平、要素禀赋及其他发展条件，不同规模的企业的竞争实力也有差异，如今却都可以在更大的程度上获得参与全球分工的比较优势。特别是，通过把生产模块化并且使每种模块之间互不关联，大大降低了发展中国家和中小企业进入资本密集型价值链的门槛，同样增强了我国生产要素和技术进而产业的穿透力。

在这种全球分工新格局下，我国工业结构的完整性构成新的规模优势。目前，我国拥有41个工业大类、207个工业中类、666个工业小类，形成了独立完整的现代工业体系，是全世界唯一拥有联合国产业分类中全部工业门类的国家。因此，在全球价值链中，我国在从低到高的各个环节都占有一席之地。借助在诸多生产过程和技术环节中的价值链比较优势，我国产业得以紧密镶嵌在全球供应链之中。与此同时，我国的要素配置也必然对其他国家乃至世界经济产生巨大和正面的外溢效应。在超大规模内需的拉动下，我国的国内大循环越顺畅，这一外溢效应也就越强劲，进而促进我国在世界经济中地位的进一步上升、与世界经济联系的紧密性进一步增强，也为其他国家提供更广阔的市场机会、更多的国际商品和要素资源。

四、用足用好改革开放这个关键一招

习近平总书记指出,加快形成以国内大循环为主体、国内国际双循环相互促进的新发展格局,是根据我国发展阶段,环境条件变化作出的战略决策,是事关全局的系统性深层次变革。推动更深层次改革,实行更高水平开放,才能为构建新发展格局提供强大动力。在全面建成小康社会、开启全面建设社会主义现代化国家新征程后进入的新发展阶段,我国将面临一系列新机遇和新挑战,需要深化改革和扩大开放,以新的举措破解前进中面临的问题。对于推动形成新发展格局来说,改革开放的新举措要着眼于破除深层次体制机制障碍,促进国内良性大循环和开放的国内国际双循环。根据党的十九届五中全会部署,以下几个方面的改革举措,对于推动双循环新发展格局最具针对性和紧迫性。

首先,进一步提高居民收入水平,改善收入分配,推进基本公共服务均等化。稳定提高居民收入增长的关键是保持与经济增长基本同步。然而,总体收入提高并不能自然而然转化为超大规模消费,还需要通过收入分配制度改革,特别着眼于增加低收入者收入,扩大中等收入群体和调节过高收入,显著缩小收入差距。完善统筹城乡的民生保障制度,健全幼有所育、学有所教、劳有所得、病有所医、老有所养、住有所居、弱有所扶等方面国家基本公共服务制度体系，需要加快新型城镇化进程，推动包括户籍制度改革在内的一系列民生领域改革。

其次，积极应对人口老龄化，开发新的消费领域和经济增长点，满足人民群众日益增长的美好生活需要。正如其他方面的挑战一样，人口老龄化同样提供了新的发展机遇。党的十九届五中全会提出实施积极应对人口老龄化的国家战略，这就要求以改革的精神综合施策。特别是通过提高老年人的劳动参与率、养老保险金给付水平，动员全社会资源构建老年友好型社会，完善养老产业和老年服务产业发展的政策扶助体系，挖掘老龄化带来的产业发展机会和消费潜力。

再次，完善统一高效的市场，建设高标准市场体系，使超大规模资源得到合理配置，超大规模市场获得有效开发。市场是产品和服务流通以及要素配置的基础性中介，市场结构和价格形成机制的发育水平，也决定着商品和服务消费以及要素配置的效率。为了推动产品、服务和要素的自主有序流动和高效公平配置，需要进一步畅通国内统一市场，推进要素市场制度建设和要素价格市场决定的改革。与此同时，也要加强以保护消费者权益、反不正当竞争、惩罚知识产权侵权等为重点的市场监管。

最后，通过更高水平对外开放，根据国际国内双循环新特点挖掘外需潜力，实现开放的国内国际双循环相互促进。以高水平对外开放拓宽开放领域，参与国际经济联通和交往，推动共建"一带一路"高质量发展，从对外开放获得我国经济发展动力。与此同时，也要统筹好发展、开放和安全的关系，通过提高自身竞争力、增强监管能力和风险防控能力，以及积极参与全球经济治理体系改革，打造我国新发展阶段的国际合作和竞争新优势。

THE CHINESE ECONOMY
LESSONS AND INTERPRETATION

第四编

开启增长新引擎

认识中国经济的三个经济学范式

大家都很关心当前的经济形势,也不仅仅是今年或者这个季度,或者是这个月的经济形势,而是这些年的情况。大家都在说不同的经济学语言,有的时候有人说看不清楚、看不明白,一个人说的和另一个人说的都不在一个思路上,所以有的时候很难讨论起来。所以,需要归纳一下。我发现,大多数讨论无非围绕三个经济学范式进行。我并不是主张认识当前的中国经济形势要用这三个范式,而是说有关当前中国经济形势的讨论中有三个范式比较流行,支配着大家的思维。

第一个是"菲利普斯取舍"(Phillips trade-off)。这就是学术界常说的"菲利普斯曲线",曼昆将其列为经济学十大原理之一,是讲周期问题。第二个是"卡尼曼回归"(Kahneman regression)。卡尼曼是一位行为经济学家,他讲到一个回归现象,这个现象本来不是研究经济形势周期问题或者增长问题,但是也被人用来解释中国经济增长了。第三个是"索洛趋同"（Solow convergence）。因为中国过去这些年处在一个经济增长趋同的状态中，所以很自然也会影响学术界。我认为，其中任何一个范式都不足以说明中国经济的现状。因此，下面我从三个方面讨论认识中国经济应该有的视角。

一、判断宏观经济形势的指标

首先，判断中国宏观经济形势，现在遇到一个难题——用什么指标去评价经济形势好还是不好？过去，我们都用增长率，符合预期的增长率就是好的。比预期的水平低，就要刺激一下，让它回归到预期水平。那么这个符合预期的增长率是什么呢？过去大家说至少不低于8%。经济危机或者经济形势不好的时候就"保8"。总的来说，学术界认为有一个潜在增长率。如果增长速度低于潜在增长率，就要让它回归，回归到潜在增长率上。一般来说，在一个成熟的市场经济体，或者在一个传统的停滞的经济体，它的潜在增长率是比较稳定的。所以，也可以把它看作趋势增长率。

但是，中国现在遇到的问题是，发生了一个经济发展阶段的转变。这个阶段性变化意味着过去一系列支撑经济增长的条件都改变了。资本积累、资本的回报率、劳动力的供给、人力资本的改善速度、生产率提高的速度，所有都改变了。这些条件改变了以后，相应的潜在增长率也就发生变化。因此，似乎已经不太能够知道潜在增长率是多少，是10%，是8%，还是6%。即使各路经济学家纷纷尝试测算潜在增长率，但是每一个人、每个团队的做法都不一样，最后得出的结论也千差万别。所以，我认为，现在已经不应该再用经济增长速度来判断宏观经济形势了，因为已经很难找到依据了。

通货膨胀率与失业率两者之间的关系形成了所谓的"菲利普斯取舍"。2019年《政府工作报告》提出将就业优先政策纳入宏观政策层面。怎么纳入呢？最好的纳入方法就是用失业率，特别是用调查失业率来评价宏观经济形势向上还是向下，以便决定要刺激还是不要刺激。但是也有宏观调控部门会置疑，说用失业率做判断指标的用意是好的，但是失业率是一个滞后指标，怎么能用滞后指标去做预先调控的依据呢？

为什么宏观调控部门说失业率是滞后指标呢？我就查了查，发现通常人们确实说失业率是一个滞后指标。相对于滞后指标，有先行指标，还有同步指标。但是，失业率什么时候滞后过？谁说它是滞后的呢？主要是美国人说失业率是一个滞后指标。为什么？因为从20世纪90年代初期以后，美国经济遇到了一个麻烦，叫作"无就业复苏"。每次经济危机以后，要复苏的时候，经济回归了，但是失业率没有降下来。因此，在美国，失业率就变成了滞后指标。此外，失业率是先行指标、滞后指标还是同步指标，大多数情况下是市场界人士的看法，也就是说是投资人的看法，不应该是宏观调控部门的看法。事实上，很多投资界人士在实务活动中已经放弃这种看法。不管怎么说，判断宏观经济形势应该从增长速度转向失业问题。

二、当前中国经济减速不是周期性现象

现在存不存在"菲利普斯取舍"的表现呢？可以通过统计数据来判断。人们一般是看消费者价格和城镇调查失业率之间的关系。对应着看，在中国两者的取舍关系目前没有展现出来。不仅通货膨胀率和失业率都很低，而且两者之间没有预期的那种交替、取舍关系。这就是说，我们无法提供中国经济增长遭遇周期性波动的证据。

从较长时期来看，我国失业率都是保持在非常稳定且较低的水平。具体而言，城镇调查失业率是在5%左右的高度稳定状态，不仅波动很小而且总体水平较低。总的判断，同时也是根据定义来判断，5%大约就是中国城镇的自然失业率，也就是处在充分就业状态的失业率。说一个经济是充分就业的，并不是指没有失业率，并不是失业率为零，如果这个失业率是自然失业就是充分就业，不能充分就业即意味着在自然失业率的基础上再加上周期性失业。有周期性失业的情况，就意味着宏观经济是处在经济周期的下行期，生产能力没有得到充分应用。

从一些国家2008年世界金融危机以来的经济增长率和失业率可以看到，很多国家都经历了经济波动以及和经济波动相关的失业率波动，也可以看到其中呈现的"菲利普斯取舍"。但

是，唯独中国经济增长速度在经历稳定、缓慢下行的过程中，失业率保持较低的水平，而且高度稳定，没有显示出其他国家那种经济周期波动现象。所以，至少从一直以来的趋势看，周期问题不是我国当前遇到的主要问题。当然，中美贸易摩擦升级以后，不可避免会发生外部需求减少导致的冲击现象，那时也可能会发生周期现象。

三、中国经济中近期趋势与"回归"无关

美国经济学家萨默斯对中国经济发表了很多看法。他的一个看法是，有一个规律是谁也回避不了的，叫"回归到均值"。这个均值是什么，大家都不知道。但是，他解释说，他说的均值可以理解成"世界平均增长速度"。世界平均增长速度无非就是3%左右。所以，他据此对中国经济做了预测，当时得出的结论是，似乎2015年中国经济增长速度就应该回归到均值了。从当前看，不管怎么看宏观经济，不管认同不认同具体的统计数据，恐怕谁也不会相信2015年中国经济已经回归到接近世界平均水平的增长速度。

所以，萨默斯的判断实际上已经失败了。萨默斯并非中国经济的唱衰者，我们应该从方法论角度理解他为什么做出这样的判断，这样有助于我们用正确的方法论认识中国经济。其实，他所说的"回归到均值"是行为经济学家发现的一个现象。生活中也常常看到这样的现象，譬如在美国棒球比赛中，观众看

哪位球员在当前赛季表现异常出色的话，下一个赛季他通常表现十分糟糕。也就是说，这个球员的潜在增长率是固定的，不管表现好还是表现糟糕，最后都倾向于回归到潜在增长率上。这就是所谓的"卡尼曼回归"。

把这个现象类比于宏观经济学或者把这个概括应用在经济分析中，对应的则是宏观经济周期现象。但是，将其应用在一个正在发生经济发展阶段性变化的中国经济语境下，应该是不合适的。萨默斯有一个著名的假说叫"长期停滞假说"。这个假说首先解释的是美国经济。因为美国经济和其他发达经济体密切相关，所以这个假说也可以解释其他发达经济体。同时，发达经济体对世界经济至关重要，因此，这个假说解释世界经济似乎也无不可。

但是，萨默斯教授不知道怎么一下子就忘记就此打住，反而进一步推导到用来解释中国经济。既然中国经济目前正在发生结构性的、阶段性的变化，我觉得他的"回归到世界平均水平"这个判断显然不适用于中国。在中期或者短期之中回归均值的判断，与中国没什么关系。

我们还需要回答一下，萨默斯到底讲的是周期现象，还是增长现象。不管怎么说，回归潜在增长率是周期现象，回归世界平均值是增长现象。我相信，他是从周期现象的角度做出这个判断的。如果说的是中国改革开放以后前30年的情况，在观察到一个异于以往的较低增长速度时，判断当前的增长速度要回归到中国自己的潜在增长率上，或许可以说是正确的，但是对经历了人口红利消失这样的发展阶段变化后的情况,这个经济分析框架帮助不大。

中国经济过去也有这种情况,当潜在增长率是10%的时候,每次增长速度比它低或者比它高,最后都会回到这个平均水平上。但是,如果把2010年作为一个临界点或者转折点的话,2010年之前是中国经济的人口红利期,之后是后人口红利期。在人口红利期,劳动力供给充足,人力资本改善迅速,储蓄率和资本的回报率很高,生产率通过资源重新配置可以迅速提高,所有这些因素都有利于高速增长。当时的潜在增长率大约是10%。在2010年之后,由于劳动年龄人口负增长,所有的这些因素都发生了根本性的变化,所以不太可能是原来的潜在增长率了。

如果认为中国的确到了回归世界平均水平的时候,就意味着中国不再具有后发优势,不再有机会赶超发达经济体,不再有机会与高收入国家实现发展水平的趋同了。因此,就会很快回归世界平均水平。是不是这样的情形,需要我们用科学的方法判断中国经济所处的发展阶段,认识经济增长潜力。总体来说,这个判断下得太早了。

四、中国经济赶超的潜力仍然巨大

再看看"索洛趋同"。趋同的定义就是,由于资本报酬是递减的,因此,任何一个国家,其起点的人均GDP水平越低,随后的增长速度就越快。这样，其增长速度会维持一段快于比其更富有国家的时期。如果大多数发展中国家都可以比发达国家增长更快，世界经济趋于更加均等。很长时期，至少1990年前，从来没有出现过世界经济的趋同，只有"俱乐部趋同"，即几个群体内的经济体，如发达经济体内部，最不发达经济体内部，各自发生自我趋同。但是，发达和不发达经济体之间没有趋同。

1990年后，随着我国对外开放的力度加大，随着实行计划经济的苏联和东欧国家加入世界市场和全球经济分工，加上亚洲一些国家对外开放，国际贸易回归李嘉图模式，即国家之间通过发挥各自的比较优势，进行产业间贸易，分别获益。作为结果，世界经济真正出现了趋同现象。虽然需要做严格的检验来判断趋同现象，但是，至少从描述性统计可以看到，1990年至今，在起点上人均GDP越低的经济体，确实在随后时期的增长速度更快。就是这么一个简单的描述性统计现象，在1990年之前也是见不到的。因此说，至少趋同的迹象是出现了。我国恰恰是最典型的起点人均GDP最低，随后人均GDP增长速度也最快的国家。

我国从改革开放之初的人均GDP只有100多美元，到今天已经接近1万美元。按照规律，随着人均收入水平的提高，趋同速度一定会放慢，这就意味着我国的潜在增长率就是下降的。然而，我国仍然只是中等偏上收入国家，同发达经济体还有巨大的差距，仍然有继续趋同的空间。即便在中等偏上收入国家中，中国仍然是收入偏低的国家。2017年，以中国的人均GDP为基准，中等偏上收入国家的人均GDP算术平均值为中国的1.12倍，高收入国家平均水平为中国的5.67倍，美国为中国的7.25倍。

从这个意义上来说，我国的经济增长减速固然不是周期现象，因而不存在回归高速增长的可能性，也就是不再会保持以往几十年那么快的增长速度，因为我国的后发优势变小了。但是，我国赶超的潜力远远没有耗尽，因此，需要通过改革保持继续增长。在相当长的时间内，即预计在2050年之前，我国应该能够保持在世界平均水平之上的增长速度，那就意味着回归到均值是几十年后的现象。

五、结语

总之，当前中国面临经济减速不是由于需求侧原因导致的周期现象，不适用于用"菲利普斯取舍"判断目前中国经济形势。当然，随着中美贸易摩擦的升级，需求侧的因素影响会越来越强，需求冲击也是一种潜在的风险，但是从长期看不是这个因素起作用。同时，随着人口红利窗口的关闭，我国的潜在增长率已经逐年下降，不要再以原来的增长速度作为基准来判断经济形势。增长速度预期应该是新的潜在增长率。

然而，中国仍然是中等收入国家或在几年后成为收入较低水平的高收入国家，仍有赶超和趋同的机会。这意味着既不要预期中国经济增长速度回归原来的增长率,也不必相信中国增长速度要回归到世界平均。要在边际效应递减的趋同条件下保持一定的增长速度,必须要有更大力度的改革和开放。

中国经济寻求长期可持续增长的关键

改革开放以后的前 30 年中,中国经济保持了史无前例的高速增长。自 2012 年以来,经济增长速度逐年放缓。如何看待这个增长减速,未来中国经济的可持续增长潜力究竟在哪里,需要从理论和实证进行深入研究。在此基础上,才能抓住保持长期增长的关键,并据此形成正确的政策思路,并在实际经济工作中予以实施。

一、发展阶段变化的标志性转折点

认识中国经济增长减速,固然应该关注可能产生的需求冲击,但是,针对当前所发生的情况来说,总体而言应该放弃从"三驾马车"分析框架中寻找答案的做法。相反,应该从生产函数入手进行分析。在中国的特殊语境中,这种分析需要充分考虑人口红利及其消失的因素和作为经济增长变量变化的具体表现。

具体来说，我们以15—59岁劳动年龄人口到达峰值（从而随后就进入负增长）的时间作为比较的基准，2010年中国的发展阶段，实际上相当于日本的1990—1995年、韩国的2010—2015年，以及新加坡的2015—2020年。如果把人口抚养比（14岁及以下和60岁及以上人口与15—59岁人口的比率）作为人口红利的一个代理指标，日本、韩国和新加坡的抚养比显著上升的时间点，也远远迟于按照人均收入水平定义的时间点。

日本的人口抚养比虽然于1970年左右已经降到了最低点，但是，抚养比真正开始显著上升发生在20世纪90年代。而韩国和新加坡的抚养比到达谷底的时间也大大早于中国，也在低点上稳定了较长时间，因此，这两个国家抚养比的上升，在时间上大体与中国和泰国相同。与日本等东亚发达国家的这种比较，充分揭示了中国未富先老特征。

在人口转变阶段发生变化的过程中，或者说作为前者的结果，经济现实中也表现出相应的转折征象。具体来说，中国经济发展在这个阶段上经历了两个最重要的转折点，从而把人口转变过程的变化，转化成为对应的经济发展阶段变化。

首先，一旦劳动力需求增长超过劳动力供给能力所及，则意味着中国经济长期具有的劳动力无限供给特征不再具有突出特性，刘易斯式的二元经济发展进入后期阶段。因此，我们把这个转折点称作刘易斯转折点。根据发展经济学文献和经济发展经验,这个转折点并不需要用计量经济学方法,通过估算劳动的边际生产力来验证,而只需观察是否劳动力短缺和工资上涨成为常态。据此,2004年可以作为这个转折点的代表性年份。

其次,随着劳动年龄人口转入负增长,人口抚养比从下降转为上升,人口转变过程到达了一个从量变到质变的跳跃。也就是说,所有与人口特征相关而有助于高速增长的变量,从此具有不利于经济增长的效果,导致人口红利迅速消失。我们把这个变化称为人口红利消失转折点,发生于2010年。

随着中国经济跨过以劳动力短缺和工资上涨为特征的刘易斯转折点,以及以劳动年龄人口负增长、人口抚养比提高为特征的人口红利消失转折点之后,以往推动经济增长的因素不再具有显著的作用,潜在增长率因此下降,超常规增长速度也不再能够维系了。

我们根据经济理论能够预期到的,以及迄今已经观察到的一系列因素,已经导致中国经济潜在增长率的下降。一是劳动力短缺导致工资上涨速度过快,超过了劳动生产率增速的支撑能力;二是资本劳动比过快提高导致投资回报率的大幅度下降;三是新成长劳动力的减少使人力资本改善速度减慢;四是农村劳动力转移速度放缓,致使资源重新配置效应减弱,全要素生产率增长率下滑。中国经济进入到以增长速度下行、产业结构调整和发展方式转变加速为特征的新常态。

我们的估计显示,中国经济潜在增长率逐渐下降,直至在中国完全实现现代化后即 2050 年前后，届时将会回归到萨默斯所谓的"均值"。迄今为止，实际增长减速的轨迹、节奏和趋势已经印证了这个预测。这对产业结构调整提出紧迫的要求，而应对挑战需要建立在深化经济改革的基础上。

许多人相信，人口是个慢变量，而观察到的经济增长减速却是短期内发生的，由此认为用人口因素解释经济增长减速是不合逻辑的。譬如说，人们会争辩道，就算劳动年龄人口进入负增长，这个人口群体的总规模仍然巨大；而人口抚养比即便处在上升的态势，也会在一段时间里保持较低的水平。类似这样的疑问以及背后的思维逻辑具有代表性，反映了人们对于人口红利作用机制缺乏透彻的理解。

说到人口红利，不应该将其看作是一个人口学概念，而需要将其放在长期经济增长的框架中，作为经济学概念进行讨论。经济增长是指 GDP 每年增量与总量的关系，是总经济规模的一个即期变率。虽然特定年份的人口总量变率未必直接改变经济增长率，但是，人口转变阶段导致的生产要素供给和生产率提高趋势，标志着经济发展阶段的变化，必然会改变潜在增长率。

中国的人口抚养比在 2010 年之前一直是下降的，到达谷底之后则迅速提高，相应的劳动年龄人口变化也类似，在 2010 年达到峰值之前是迅速增长，之后则进入负增长。这种人口结构方向性的变化或正负符号之间的转换，根本改变了劳动力数量和质量的供给能力、储蓄率和资本回报率水平，以及全要素生产率的提高难度。

退一步说,经济史上屡见不鲜的案例表明,长期趋势的必然性往往不是缓慢表现出来的,而总是在某种特殊的短期诱因作用下一下子显现出来,而这个短期诱因的形成,常常与未能对长期必然性做出正确判断有关。

例如,20世纪70年代之后,日本的人口红利逐渐消失,经济增长也开始缓慢减速。然而,正是由于日本的经济学家和经济政策制定者几乎一致认为减速是需求侧因素所致,因而将宏观经济政策转向刺激性。特别是到了80年代,政府采取了五花八门的刺激政策,从各个领域催生出经济泡沫,直至泡沫破灭导致陡峭的经济跌落及长期的增长停滞。

相反,新加坡在其人口红利消失的迹象初现时,就有意无意地从供给侧施策,意在保持经济增长的可持续性。例如,放松对雇用外籍劳工的管制以延缓人口红利,并赢得了时间,使推动全要素生产率提高的努力取得成效,从而稳定了增长速度,避免了剧烈的减速,最终也赢得了新的增长源泉,成为世界上最具竞争力和创新力的国家之一。

二、从人口红利到改革红利

经济学是一门经世济民的学问,所以,关于经济现象解释的分歧,固然属于经济学术界的常态,同时也必然在政策含义及至政策实施后果中表现出来。从需求侧认识中国经济减速,政策结论便是着眼于实施刺激性的宏观经济政策和产业政策。

一旦认识到中国经济减速的主因在于供给侧，便不难推论出，上述做法只能把实际增长率提高到潜在增长率之上，产生的结果与政策初衷并不一致。相反，由供给侧出发的政策努力则是着眼于提高潜在增长率。

按照增长理论预期和各国发展经验，从赶超型的二元经济发展向处在技术前沿上的新古典增长转变的过程中，增长速度放慢是不可避免的。然而，潜在增长率以何种幅度降低从而实际经济增长以何种速度放慢，在国家之间却大相径庭，因而会导致截然不同的长期后果。对于面临这个阶段变化的中国而言，只有通过深化经济体制改革，推动发展方式转变，挖掘传统增长动能的潜力，培育新的增长动能，保持合理的潜在增长率，实现中高速实际增长，才能避免长期停滞在中等收入阶段，如期实现国家现代化目标。

很多研究表明，改革与不改革会形成截然不同的中国经济增长前景。例如，切列穆吉姆（Anton Cheremukhim）等人的研究，把 1978—2012 年期间和 1966—1975 年期间的经济增长表现，分别作为改革或不改革的参照情形，据此对 2050 年中国经济增长做出模拟，表明两者之间的巨大差别。更重要的信息是，改革与增长之间并不存在一种非此即彼或此消彼长的替代关系，改革具有促进经济增长的明显效果。中国改革开放的经验和逻辑表明，改革红利终究会体现在促进经济增长和改善人民生活水平上面。

提高中国经济潜在增长率有两个源泉。第一是保持传统增长动力。这不意味着维持传统的要素投入驱动型的经济发展方式,而是着眼于挖掘生产要素特别是劳动力供给潜力,延长人口红利。第二是启动新的增长动力。这主要在于加大人力资本积累的力度,以及提高全要素生产率增长率及对经济增长的贡献率。这两个经济增长源泉,具体体现在以下几个方面,都需要从供给侧推进结构性改革予以开发。

首先,提高劳动者在高生产率部门的参与率。由于几乎所有导致中国经济潜在增长率下降的因素,归根结底都与劳动力无限供给特征的消失有关,因此,增加劳动力供给可以显著延缓潜在增长率的下降。作为人口年龄结构变化的结果,不仅15—59岁劳动年龄人口已经处于负增长之中,即使考虑到现行的劳动参与率,15—59岁经济活动人口也于2017年以后进入负增长。因此,劳动力总量已经不再具有增长的潜力,挖掘劳动力供给潜力的唯一出路在于提高劳动参与率。

其次,提高总和生育率(total fertility rate,简称TFR),均衡未来的人口年龄结构。根据中国和国际经验,生育率下降是经济社会发展的结果,生育政策本身所能发挥的作用其实是有限的。不过,鉴于中国自1980年起实施了长达35年以"一个孩子"为主的计划生育政策,因此,允许生育二孩的改革可以预期在一定时间里产生提高生育率的效果。

第三,保持人力资本积累速度。青木昌彦从东亚经济发展的经验中发现,任何国家和地区,在经历了一个以库兹涅茨式的结构调整为特征的经济发展阶段之后,在进入后人口转变阶段之前，都需要经历一个由人力资本驱动的经济发展阶段。对中国来说，这个阶段转换的时机，就应该是我们已经观察到的刘易斯转折点。这样就意味着，就发展阶段而言，中国已经进入需要更加倚仗人力资本获得增长源泉的时代。

第四，提高全要素生产率，获得更可持续的增长源泉。理论上可以预期，已有的计量分析也发现，尽管提高非农产业劳动参与率有助于提升潜在增长率，但是，随着时间的推移，这种效果呈现逐渐减弱的趋势；而全要素生产率的提高对潜在增长率的推动作用，首先会显现出立竿见影的效果，随后则会显示经久不衰的特性。

随着日益转向一个新古典增长阶段，一方面，中国经济越来越依靠科学发展、技术创新保持经济增长可持续性；另一方面，通过清除体制性障碍获得资源重新配置效率的空间仍然巨大。

归根结底，短期的需求侧冲击不会改变中国经济所处的发展阶段，而后者具有更加长期和稳定的性质。因此，应对冲击的宏观经济政策既不能替代以改革为中心的长期解决办法，对经济增长的刺激也只能以变化了的潜在增长率为参照。并且，即便在实施宽松型和扩张性的宏观经济政策时，也要防止投资不当造成过度负债和降低生产率的现象。

三、高收入俱乐部的"门槛陷阱"

中国改革开放带来的高速经济增长,可以被看作是一个改革不断为生产要素积累和有效配置创造恰当体制环境,从而兑现人口红利的过程。迄今为止,激励机制、企业治理结构、价格形成机制、资源配置模式、对外开放体制和宏观政策环境的改革,都是顺应一定经济发展阶段的特殊制度需求而被提出并得到推动的。

然而,审视当前和展望未来,保持改革、发展和分享的重点、难点、推进方式甚至取向,也应该随着发展阶段的变化而调整。虽然这些方面的任务并不注定成为过不去的坎,但是,其难度较之以往的确是大大地增强了。从发展经验来看,这些困难的出现,在一定程度上是带有必然性的发展规律。新的发展阶段任务难度的增强及其必然性,分别表现在以下三个方面。

第一,随着中国进入从中等偏上收入向高收入国家迈进的阶段,保持可持续增长的难度加大,经济增长方式需要转向生产率驱动。根据一项估算,在中国经济增长受益于人口红利的1979—2010年期间,在年平均9.9%的实际增长率中,与人口红利相关的变量做出了高达84%的贡献。在这些因素之外,全要素生产率贡献率为16%。虽然我们需要接受人口红利消失和潜在增长率下降的现实,并不预期未来仍将保持原来的增长速度,但是,如何提高全要素生产率的增长速度和贡献水平,关乎中国在进入高收入国家行列之前和之后能否保持经济的可持续增长。这个任务之艰巨，必须有更大的改革开放决心和创新力度才能完成。

第二，越是临近社会主义市场经济体制臻于成熟、定型的阶段，推进改革的难度将会越大。一般来说，面对一个长期处于激励不足从而低效率的经济体制，改革从打破这一恶性循环中微观激励不足的环节入手，容易在帕累托改进的路径中推进改革，进而改变资源配置方式，矫正资源误配格局。随着改革向纵深推进，不使任何群体受损的帕累托改进机会越来越少。也就是说，在改革不可避免对利益格局进行深度调整的情况下，会出现改革激励不足的局面，甚至会遭遇既得利益群体的抵制和干扰。

特别是当改革的成本承担主体与改革收益的获得主体并非完全对应的情况下，推进改革会面临激励不相容的问题。面对这些难点，应该着眼于分担改革成本和分享改革红利，对建立新体制需要的财政支出责任进行重新划分，以及对受损当事人做出必要的补偿，特别是对可能受到冲击的劳动者予以社会政策托底。这既需要坚定推进改革的政治决心，也需要发挥妥善处理矛盾的政治智慧。

第三，在更高的发展阶段上以及在更深入的改革过程中，中国进一步改革和发展都会遇到更多成长中的烦恼。在形成优胜劣汰的创造性破坏竞争环境过程中，部分劳动者和经营者会陷入实际困境。市场机制本身的收入分配改善效应将会减弱；生产率提高的源泉也从产业之间的资源重新配置转向经营主体之间的优胜劣汰，创造性破坏机制的作用将增强；在更高的发展阶段参与全球价值链分工，与发达国家之间的竞争效应会大于互补效应。这就要求在以人民为中心的发展思想统领下，把包容性体现在进一步改革开放发展的全过程，加大政府再分配力度，发挥社会政策托底功能。

克服成长中的烦恼，不能采取止步不前的方式。例如，在这个发展阶段上，竞争加剧会不时对就业产生冲击。如果立足于保护就业岗位，就必然会延伸到对企业的保护，难以让没有竞争力的行业和企业退出；另一方面，如果听任市场自发破坏就业岗位，的确会使一部分劳动者及其家庭处于困难境地。突破这种两难的关键是把保护岗位的做法改变为保护劳动者本身，立足于筑牢社会保护网。越是社会政策托底有力，越能做到退出无虞和无阻。

四、结语

始自2012年的中国经济增长减速，是与人口转变阶段以及经济发展阶段的变化相伴形成的新常态，无论其主要成因还是表现形式，与以往主要由需求侧冲击造成的周期现象都是截然相异的。相应地，无论是应对政策的着眼点还是优先序，以及具体政策工具的选择，都应该大不相同。据说，美国经济学家托宾（James Tobin）曾经讲过这样一句话：需要一堆"哈伯格三角"才能填满一个"奥肯缺口"。他讲到的两个经济学概念，前者指因垄断、价格扭曲等体制因素造成的福利损失，后者指实际经济增长低于潜在增长能力的缺口，都表现为社会总产出（GDP）一个特定幅度的减少。

由于研究资源和政策资源都是稀缺的，将其配置到哪个领域无疑应该遵循收益最大化原则。所以，托宾这句话的意思显然是提醒人们，从功利主义的角度出发，关注宏观经济问题比关注体制问题更加有意义，政策资源应该配置到缩小由需求侧因素导致的"奥肯缺口"的努力上面。这种说法明显语焉不详，因为它没有区分一个经济体面临的究竟是什么类型的问题。如果把这种说法当作一个一般性的原则，很显然，它不仅纵容宏观经济学家的过于功利性追求，往往还鼓励政策制定者产生思想懒惰的倾向，寄希望于刺激性政策可以短期见效。

问题在于，中国经济减速的原因是潜在增长率的下降，而不是实际增长速度低于潜在增长率，从而不存在明显的"奥肯缺口"。执迷于采用宏观经济政策刺激经济增长，只是一种"托宾幻觉"而已，不可能保持长期效果，反而带来延误改革和积累负债等诸多副作用。从日本的教训来看，在这种幻觉下制定宏观经济政策并将其长期化，是其陷入"高收入陷阱"的原因。按照与日本案例相同的逻辑来判断，对于即将进入高收入国家行列的国家或者这个行列中的新晋成员来说，一旦陷入这种幻觉之中，则意味着落入"门槛陷阱"危险的加大。

因此，反其道而行之，中国经济寻求长期可持续增长的关键，不在于运用宏观经济学司空见惯的需求侧刺激手段，而应该从供给侧着眼，瞄准妨碍生产要素充分供给和有效配置的体制性障碍，推进结构性改革，释放体制潜力，达到提高潜在增长率的目标。鉴此，凡是从供给侧增加生产要素供给数量和质量以降低生产成本从而保持产业比较优势、通过转变政府职能以降低交易费用，以及依靠提高全要素生产率保持产业和企业的政策调整和体制改革，都属于结构性改革的范畴，应该按照有利于提高潜在增长率的预期效果，安排其出台的优先顺序和推进力度。

阻断递减曲线，应对老龄挑战

我国人口老龄化正在进入加快的时期。根据联合国对2015—2050年的最新人口预测，其间人口老龄化率（60岁及以上人口比重）的年均提高幅度，世界平均为1.59%，发达国家平均为0.93%，不包括中国在内的发展中国家平均为1.99%，中国为2.39%。按照这样的速度，2050年中国的人口老龄化率将高达35.1%，超过发达国家平均水平（32.9%），更远远超过不包括中国在内的发展中国家平均水平（16.4%）以及世界平均水平（21.3%）。根据有关国家生育率下降和老龄化加深的经验，一个基本判断是，即便生育政策进一步放宽可以使生育率在一定时间内有所反弹，但终究不会改变我国人口老龄化的总趋势。

不过，对于人口老龄化也不必惊慌。生育率下降的趋势是伴随人均收入水平提高的一种必然，从发达国家走过的道路看，各国在发展过程中都会遇到这个问题。如果劳动生产率的提高速度跟得上老龄化的步调，经济就能持续增长，与老龄化相关的问题完全可以解决。这就要求一方面，把经济增长转换到生产率驱动的轨道上，另一方面，把老龄化因素转化为生产率提高的红利。

这就是说，面对人口老龄化，既无须杞人忧天，也不应无所作为。党的十九大报告提出的要求是，积极应对人口老龄化，构建养老、孝老、敬老政策体系和社会环境，推进医养结合，加快老龄事业和产业发展。为了增进对我国老龄化特殊性的认识，本文将介绍影响经济增长的两个中国老龄化特征——两条递减曲线，通过对老年人的就业能力和消费能力进行分析，揭示制约开启老年人口红利的因素，提出阻断两条递减曲线的政策建议。

一、人口因素如何影响经济增长

以前人们理解的人口红利含义过于狭窄，仅仅看到劳动力供给这一个角度。这种理解不利于正确认识人口转变对长期经济增长的影响，导致低估人口红利的作用、错判人口转变的形势，以致延误政策调整的时机。以我国仍将具有世界上最大规模的劳动年龄人口这个说辞，论证传统人口红利依然且长期存在，用心固然良好，却缺乏科学依据，也不具有政策含义，实践中更于事无补。既然我们讲的是人口因素对经济增长的影响，就需要从经济学视角来理解人口红利。

经济学理论和实际计量估算都表明，人口红利是指因劳动年龄人口数量大、增长快以及人口抚养比持续下降，产生一系列有利于经济增长的效应。这些方面分别为：劳动力数量供给充足；劳动力质量（人力资本）加快改善；低人口抚养比有利于形成提高储蓄率从而促进资本积累；劳动力充分供给有助于延缓资本报酬递减现象，保障投资高回报率；转移剩余劳动力带来资源重新配置效率，使全要素生产率得到提高。所有这些与人口有关的因素分别对高速增长做出了贡献，因此可以说，人口红利是2010年之前中国经济增长的主要来源。

2010年之后，中国的劳动年龄人口进入负增长时代，人口抚养比相应持续升高，改变了以往的人口变化趋势，导致人口红利消失。这不是简单的数量意义上的变化，而是一种转折性的变化，也不仅对劳动力供给产生不利影响，而是从上述列举的各种变量的角度对经济增长产生负面影响。这就是2012年以后GDP增长率逐年有所下降的人口因素根源。由于人口因素影响的是供给侧的长期增长能力，因此，这个趋势也印证了中央"经济发展进入新常态"的重要判断。

以上是从供给侧看人口红利如何表现为经济增长动能。我们还可以看，一个有利的人口结构如何有助于从需求侧拉动经济增长。在具有明显人口红利的条件下，人口结构年轻有利于居民消费需求持续扩大；丰富的劳动力资源被转化为劳动密集型的制造业产品，在全球分工体系中获得比较优势和竞争力，有助于扩大并保持强劲的外部需求；高储蓄率和高投资率有利于保持投资规模的持续扩大；劳动力大规模从农村向外转移，推动了常住人口城镇化，一方面因农民工收入增加刺激了消费需求，另一方面因城市建设规模扩大刺激了投资需求。相应地，人口红利的消失不仅意味着经济增长供给侧动力的减弱，也意味着经济增长需求侧拉动力的显著弱化。

二、人口老龄化与人力资本递减曲线

虽然人口对经济增长的影响并不仅仅表现为劳动力供给一个因素，但是，所有其他不利因素都是由劳动力供给不足引起的。例如，由于年轻劳动力的受教育程度更高，因此，新成长劳动力数量的减少就会使整体人力资本的改善速度放慢；农村新成长劳动力减少还导致劳动力流动规模缩小，降低了资源重新配置的速度，使生产率改善的潜力下降；劳动力短缺导致工资成本升高，会促使资本替代劳动的节奏过急，造成资本回报率下降。可见，劳动力供给不足的确是老龄化带来的首位负面因素。

因此，通过延迟退休达到增加劳动力供给的目的，是应对人口老龄化的一个常见政策建议。许多老龄化程度较高的发达国家，也的确大幅度地提高了退休的年龄。例如，在"富国俱乐部"经济发展与合作组织国家，2016年参加工作的劳动者，男性平均的正常退休年龄预期为65.8岁，女性则为65.5岁，其中丹麦、荷兰和意大利等国的平均退休年龄将超过70岁。

估算表明，如果把我国退休年龄从60岁提高到65岁，预计可以使劳动年龄人口总量增加8000余万，增加幅度为9.1%。由于我国老年人的劳动参与率较低，所以，在退休年龄方面可供挖掘的潜力相当大。目前，从横截面数据来看，我国劳动年龄人口的劳动参与率从45岁就开始显著下降。而且，我国实际退休年龄远远低于60岁。如果老年人口中更多的部分成为有效劳动力，我国整体劳动参与率相应提高，会从劳动力数量、人力资本、储蓄率、资本回报率、资源重新配置效率等方面产生有利于经济增长的效果。

正是因为如此，我国制定了渐进式延迟退休的方案。但是，许多预期受该政策影响的职工不乐于接受延迟退休的安排，以致这个方案推进起来面临困难。出现这种情况的原因在于，在劳动者的年龄与受教育程度的关系上，我国与发达国家有很大的不同特点。在发达国家，教育发展水平高，教育制度比较成熟，人力资本的积累可谓历时已久，所以，相对年长的劳动者也具有较长的受教育年限，足以使他们有能力延缓退休的时间，以使整体劳动力供给扩大。然而，鉴于我国人口受教育水平的年龄分布特征，延迟退休很难达到预期效果。

这里涉及的就是随着年龄增长人力资本递减的曲线。换句话说，对于教育发展十分迅速却起步较晚的我国来说，劳动年龄人口的教育水平呈现出随着年龄增大，受教育程度显著降低的特征。从我国劳动年龄人口的受教育程度数据看，在18岁人口组中，受教育程度在初中及以下的占大约40%；在25岁组，该比例提高到61%；在40岁组，这个比例进一步提高到77%；而一旦超过50岁，有84%的人口平均仅具有初中及以下受教育程度。

这些年龄偏大的人群虽然属于劳动年龄人口，但由于认知能力和技能通常难以适应产业结构升级换代的要求，随着旧的技能逐渐被替代，他们很容易遭遇结构性就业困难或受到劳动力市场冲击。这也是为什么职工普遍对延迟退休的政策抱有疑惑的原因，也是在实施渐进式延迟退休政策时，必须予以充分考虑的风险因素。

三、人口老龄化与消费力递减曲线

经济增长既靠供给侧的因素驱动，也靠需求侧的因素拉动。后者包括净出口即外需、投资内需和消费内需三个方面，也就是人们常说的"三驾马车"。随着我国经济进入新常态、转向高质量发展，居民消费需求对经济增长的拉动作用愈益重要。特别是在经济全球化遭遇逆风、中美贸易摩擦升级，以及我国制造业比较优势下降等因素作用下，净出口需求将趋于疲软；随着基础设施条件得到了较大的改善，从长期看，投资需求将进入一个常规增长的周期。因此，客观上需要把最终消费需求打造成拉动经济增长的主要支柱。

随着我国老龄化程度的迅速提高，老年人规模相应扩大。

例如，预计 2020 年 60 岁及以上人口将超过 2.45 亿。这个年龄组的庞大人群作为消费者的作用也越来越不容忽视。我们面临的一个重要课题，便是如何进一步挖掘老年人口的消费需求潜力，使之在拉动国内消费需求，进而在拉动经济增长方面发挥更大的作用。

然而，这里遇到另一个与老龄化相关的递减曲线，即随着年龄增长消费力递减现象。国际上的研究发现，临近退休和已经退休的人口群体，其消费力趋于减弱。在发达国家，这个现象与人们随年龄增长，收入水平更高、财富积累更多的情况相悖，所以被称为"退休消费之谜"。从我国人口的年龄与消费关系看，固然也呈现消费力随着年龄提高而减弱的趋势，却算不上是一个"谜"，因为消费水平变化与收入水平变化的轨迹是相一致的——收入低，消费必然受到抑制。

从横截面数据看，我国人口的收入水平随年龄增长，实际上呈现一个倒"U"字形曲线，即一个人大约从 20 岁才开始具有劳动收入，随后劳动收入得到迅速提高，并于 25—45 岁之间达到峰值并稳定在较高水平上，在此之后则逐渐下降，到 60 岁以后便基本消失了。与此对应的是，一个人的消费水平也在 30—40 岁之间形成峰值，随后便缓慢地降低。劳动收入和消费达到峰值之后的变化，就是所谓的消费力递减曲线。

可见，老年人消费扩大并为宏观经济的消费需求做贡献的根本制约，在于他们的整体收入水平偏低。而且，由于实际退休年龄偏低，即很多人尚未达到法定退休年龄的时候便提前退出劳动力市场，使得这个消费力递减曲线来得更为明显。此外，养老保险等社会保障制度的覆盖率和保障水平都低，也构成老年人消费的后顾之忧。

四、如何挖掘老龄人口红利

老龄化既是人口年龄结构变化的结果，也是预期寿命以及健康寿命延长的结果。因此，老年人力资源，包括作为劳动力及其拥有的人力资本存量，都是宝贵的生产要素，应该得到挖掘从而使其对经济增长继续做出贡献。根据我国人口老龄化的趋势和其他国家的经验，通过延迟退休来增加劳动力供给这条路，虽然困难重重但非走不可。而根据我国老年人口特点，需要从以下方面进行必要的政策强化和调整。

首先，通过政策扶助提高老年人口的劳动参与率，把应对老龄化的战略取向从消极应对型转向积极应对型。核心是改善劳动力存量的人力资本，包括推进终身学习体系建设，加强职工技能培训，把培训资源向年龄偏大的劳动者群体倾斜，针对特殊需求提高这个群体的人力资本，从而提高其在劳动力市场上的竞争能力。结合养老保障制度改革，设计出一个激励机制，鼓励年龄偏大的劳动年龄人口提高劳动参与度，而不是急于退出就业岗位。从政策取向上来看，渐进式延迟退休政策的操作目标，应该是提高劳动参与率而不是减少养老金发放；实施手段着眼于提高实际退休年龄而不是调整法定退休年龄。把就业优先战略和实施更加积极的就业政策做得更细,特别聚焦于保障那些年龄偏大劳动者的就业稳定。

其次,以稳定劳动收入、增加财产性收入以及提高社会保障水平为突破口,释放老年人的消费能量。只有通过稳定就业保持他们的收入不会随着年龄增长而降低,并使其积累起必要的个人财产,才能确实稳定和扩大这个群体的消费能力。完善基本社会养老保障制度,筑牢退休群体消费的经济基础,才能消除老年人消费的后顾之忧。为了根本解决养老保障全覆盖的问题,应该增强社会养老保障的普惠性质,逐步做到每个人无论是否缴费,达到一定年龄后都能够有一个最基本的保障。在此基础上增强养老保险的积累性质,辅之以能够保值增值的基金运营机制,同时以个人账户或企业年金等多种形式作为补充养老。

第三,加强人口发展战略研究,评估"全面二孩"政策效果,适时推动生育政策向自主生育转变。人口发展是关系中华民族生存发展的千年大计,合理提高生育意愿的政策具有公共品的性质,需要制定和实施相关公共政策,形成政府埋单鼓励、家庭自主生育、企业依规配合的激励格局。例如,配合生育政策调整,有针对性地加强公共服务供给,解除年轻夫妇的后顾之忧;继续发育劳动力市场和完善劳动力市场制度,提高年轻家庭的生育意愿和养育子女的能力,提高总和生育率,实现人口长期均衡发展。与此同时,这类政策还有助于减轻老年人的跨代负担,不必为补贴子女甚至孙子辈而过度储蓄。

最后,在培育更加成熟的消费细分市场的过程中,须关注老年人群体的消费需求,研究其重要且具有独特性的消费特点,提高其消费的便利性。调查数据显示,在老年家庭中,与就业相关的消费以及教育消费明显较低,比年轻家庭分别低34.8%和80.8%。与此同时,老年家庭的食品消费比年轻家庭高21.4%,医疗保健消费更是高出213%。而且,养老需求远未得到有效满足。政府应该制定相应的政策,从税收、融资、公共设施和用地供给等方面给予扶持,促进养老服务业和老年人消费相关产业的发展。这不仅是社会养老的工作组成部分,还可以培育新的消费增长点,使老龄人口红利成为一种新的增长拉动力。

创造第二次人口红利的政策抓手

传统理论通常从物质资本供给的角度解释第一次人口红利源泉，强调人口抚养比下降带来储蓄率提高效应，因而有利于经济增长。相应地，这种理论认为，在人口老龄化程度加深从而人口抚养比提高的情况下，如果具备以下两个条件，则可以获得第二次人口红利。第一个条件是未雨绸缪的储蓄动机，即人们对老龄社会的来临做出积极反应，从而为自身养老而增加储蓄。第二个条件是能够激励进行养老储蓄的相应机制，这就要求由社会而不是家庭承担养老职能，同时社会养老保障基金是积累型的而不是现收现付式的。一旦为养老进行储蓄的动机得到激发，储蓄率得以持续提高，就能够保障经济增长所必需的资本供给，因而创造出第二次人口红利。不过，这种观点并不全面。

中国经历过有利于经济增长的人口转变时期，其间也得益于人口红利而取得了高速增长。在经济增长最快的1980—2010年期间，15—59岁劳动年龄人口年均增长1.8%，非劳动年龄人口以-0.2%的年均增长率徘徊。这种人口变化特征，不仅保证了劳动力的充分供给，也由于新成长劳动力具有更高的受教育程度，在替代劳动力存量的过程中实现了人力资本的不断改善，低抚养比提高了储蓄率，劳动力无限供给延缓了资本报酬递减，劳动力从农业向非农产业转移则提高了资源配置效率。正是这些因素，才促成了中国经济的高速增长。

从中国经验可以发现，传统人口红利理论至少有两个缺陷。第一，传统理论只强调抚养比这个单一变量，而事实上，几乎全部有利于经济增长的变量都与人口因素有关，由此形成的更高潜在增长率就是人口红利；第二，说到资本积累，在传统理论关注的与人口因素相关的高储蓄率之外，与人口因素相关的高投资回报率更为重要。中国获得第一次人口红利的经验表明，获得第二次人口红利的关键，不仅在于储蓄率即资本供给，还在于投资回报率，即能否遏制资本报酬递减现象。那么，如何从人口的角度创造必要条件，来保持资本报酬水平呢？

总体而言，第一次人口红利属于一种后发优势，所以，其有利于经济增长的特征只是特定发展阶段的产物。一旦随着人口转变阶段的变化，这种后发优势式微乃至消耗殆尽，经济增长便不再能够依靠那些与不可逆的人口过程相关的源泉，如人口数量和年龄结构，而越来越需要依靠那些可塑造、可培育的源泉。经济发展理论和经验表明，这种新增长源泉中最重要的便是全要素生产率和人力资本,而且,这两者又具有互为条件、相互促进的关系。

全要素生产率本质上是一种配置效率,即生产要素在投入数量既定条件下优化配置带来的效率。既然要素配置的主体是劳动者技能和企业家能力,全要素生产率的提高便离不开人力资本的改善。体现在劳动者技能和企业家能力中的人力资本,虽然可以依靠"干中学"得到改进,从根本上来讲则要靠教育的发展获得整体提高。而且,各阶段和各类教育打下的人力资本基础,也决定了"干中学"的效果。

教育发展首先表现为数量上的扩张,在研究中一般用"受教育年限"来度量。教育发展固然也有其质量的维度,但是,教育质量提高一般以教育数量扩大为前提。在教育质量既定的情况下增加受教育年限,同时表现为数量和质量的人力资本总规模便越大。反过来的逻辑却未必成立,也就是说如果没有教育数量的扩大则难以提高教育质量。这是因为教育作为人力资本的生产部门,是一个具有特殊外部性的领域,质量的提高需要在增量中实现。

质量是一种效率。在一般的生产领域,效率的提高靠的是充分竞争和优胜劣汰,即需要一个创造性破坏的过程。但是,由于教育领域的"产品"与物质生产领域不同——教育既是增进人力资本的手段,又服务于满足人的全面发展这个目的本身,因此,教育发展过程只能"创造"而不能"破坏",既不能使学校"破产",更不能让学生的学习过程中断。

因此，培养和积累人力资本要求扩大教育规模，通过增加在学时间延长劳动者的教育年限，同时实现教育质量的提高。国内外发展经验显示，在九年制义务教育的基础上，通过向前（高中阶段）和向后（学前教育阶段）延长义务教育时间，对于提升人力资本具有明显的效果。特别是在义务教育入学率已经饱和的情况下，拓展义务教育时间是提高受教育年限的最有效办法。

在资源有限的条件下，延长义务教育时间可以分步骤推进。分步原则是根据社会回报率大小来决定优先序，因此，应该率先把学前教育纳入义务教育阶段。首先，经验研究表明，教育阶段从低到高具有社会回报率递减的特点，也就是说，儿童早期发展和学前教育，会产生最显著的社会效益，因而也是应该由政府埋单的教育阶段。其次，对于教育"阻断贫困代际传递"的功能来说，早期教育具有最明显的效果。最后，政府埋单的学前教育可以从财务上和时间上为家庭解除后顾之忧，使出生孩子数量在政策规定前提下，尽可能接近家庭的生育意愿。

优化人力资本，冲刺高收入阶段

党的十九届四中全会做出构建服务全民终身学习的教育体系的部署，作为坚持和完善统筹城乡的民生保障制度的一项重要任务。全会特别提出要求，加快发展面向每个人、适合每个人、更加开放灵活的教育体系，建设学习型社会。这对于中国所处的发展阶段及面对的相应挑战，具有针对性、重要性和紧迫性。构建服务全民终身学习的教育体系，既服务于经济社会发展的目的本身，也是培养和优化人力资本，在中国跨越中等收入阶段、向高收入阶段冲刺的过程中，有效应对各种风险和挑战的重要手段。

一、应对经济增长减速

随着中国的人口转变和经济发展进入新的阶段，以人口红利为特征的传统增长源泉式微甚至消失,要求加速从以生产要素积累和投入为主要驱动力的增长模式转到通过改革和创新提高全要素生产率的新增长模式上来。例如,随着劳动年龄人口和经济活动人口先后于2011年和2017年进入负增长,劳动力供给不再为经济增长做出正的贡献;劳动力无限供给特征的消失,也使资本报酬递减现象呈现出来,单纯靠资本积累的经济增长也不可持续。

在应对增长减速的过程中,需要通过教育和培训实现人力资本优化,突破若干发展瓶颈。首先,在更高阶段上推动高质量发展,不可避免要发生要素替代,即资本对劳动的替代或机器(机器人)对劳动者的替代。这个过程固然是产业升级换代不可回避的途径,但是也存在潜在的问题:如果劳动者的人力资本禀赋不能适应这个产业升级,资本对劳动的替代则意味着就业岗位的丧失。其次,主要依靠劳动力在城乡间、地区间和产业间,按照生产率提高的方向进行转移的资源重新配置空间也缩小,通过这条途径提高全要素生产率潜力降低,或者说整体而言,全要素生产率提高的难度将越来越大。

应对上述挑战的唯一有效途径,是通过教育的深化和有针对性的培训,提高劳动者就业能力和劳动技能,使其成为技术变革和产业升级的贡献者而不是牺牲者。以中外经济发展经验为依据的研究表明,在资本和劳动等传统要素的作用式微之后,人力资本对增长的贡献甚至大于生产率的贡献。此外,人力资本改善还具有提高生产率的效果,使人力资本的经济增长贡献成倍提高。

自 2004 年在沿海地区出现民工荒现象以来，劳动力短缺已经蔓延到全国范围，导致普通劳动者工资持续上涨。例如，离开本乡镇半年以上的农民工工资，在 2003—2018 年期间实际增长了三倍。这一方面有利于增加低收入家庭和农户收入，改善收入分配状况，同时也形成人力资本回报率下降的劳动力市场信号，导致很多家庭不愿意让孩子继续上学和升学。如果这种状况持续下去，将导致中国人力资本积累不能适应转方式、调结构和换动能的要求，普通劳动者就业前景堪忧。克服这种劳动力市场失灵，需要政府更好发挥提供公共品的作用。一方面，政府应承担主要的支出责任，加快落实普及高中阶段教育的战略部署，如把这一阶段教育纳入义务教育，以减轻家庭支出负担，降低机会成本；另一方面，公共就业服务更着重于人力资本培养，为已经进入劳动力市场的劳动者提供有针对性、有效率的技能培训。

二、防止收入差距扩大

处在中等偏上收入水平，甚至在刚刚跨入高收入门槛的阶段上，经济增长趋于减速，意味着蛋糕做大的速度相应减慢，如何分好蛋糕成为至关重要的政策挑战。国际经验显示，不能有效应对这一挑战，就有陷入中等收入陷阱之虞。事实上，虽然经济学家就收入分配恶化导致国家陷入中等收入陷阱，还是陷入中等收入陷阱导致收入差距扩大，尚未取得共识性的结论，但是，无论因果关系如何，中等收入陷阱与收入分配恶化具有密切的相关性，可以从跨国数据中得到证实。

例如，利用跨国数据我们可以整体观察各国人均GDP（反映发展阶段特征）与基尼系数（反映收入分配状况）之间的关系。以40%的基尼系数作为分界点，以此区分收入分配"较好"（小于40%）或"较差"（大于40%）两种状况。从中可以大体看到的一个统计趋势是：高收入国家大多数分布在较小基尼系数的区间，同时，有些中等收入国家以及低收入国家也处于这个较小基尼系数区间；然而，在较大基尼系数的区间所分布的，绝大多数为中等收入国家。

2018年，中国人均国内生产总值已经达到9771美元，按照既有的增长速度，不日即可跻身高收入国家行列。然而，正如并不存在经济增长可以自动带来收入改善的"涓流效应"一样，即将跨过高收入门槛，并不能成为对收入分配问题掉以轻心的理由。中国城乡居民收入的基尼系数在2009年出现降低的趋势后，于2016年开始不再降低。此外，如果观察城乡居民人均收入的五个分组，即可看到，虽然各收入组都经历了平均收入的增长，但是，近年来较低收入组的收入增长速度慢于较高收入组的趋势日益明显。

事实上，在这个新的发展阶段上，存在着若干不利于收入分配改善的因素。首先，随着就业扩大和收入增长与生产率提高同步发生的资源重新配置空间缩小，生产率提高越来越需要借助创造性破坏机制，劳动力市场的初次分配功能，不再足以解决分好蛋糕的问题。其次，随着新成长劳动力的减少，劳动者整体人力资本改善的速度放慢，产业结构调整譬如从制造业向服务业的转变，并不必然伴随着生产率的提高，这为工资提高和社会流动设置了一定的障碍。

防止收入差距的再次扩大，疏通社会流动通道，阻断贫困代际传递，需要政府实施更大力度的再分配政策。健全国家基本公共服务制度体系，完善覆盖全民的社会保障体系，是国家再分配政策实施的基本框架，其中坚持教育优先发展，具有更加直接的针对性。不同类型和不同阶段的教育，具有不尽相同的外部性，应以各自的社会回报率作为确定发展优先序的依据。例如，在学前教育领域政府承担更多支出责任，可以获得不可估量的社会回报率，也是阻断贫困代际传递的最根本、最有效手段。

三、破解未富先老难题

根据联合国预测，2020年，中国60岁及以上人口占比为17.5%，不包括最不发达国家和中国在内的发展中国家该比例为10.3%，而发达国家的该比例为25.9%。可见，中国的老龄化程度，更接近于发达国家而不是发展中国家。这种统计特征相应表现出一些影响社会经济发展的未富先老特征。其中一个格外明显的特征则是，老年人口具有相对低的劳动参与率，因而随着人口老龄化整体劳动参与率也会降低。

如果分年龄段观察中国劳动参与率，可以看到一个倒"U"字形的变化曲线，即从劳动年龄16岁开始逐年提高，到达最高点后下降。20—24岁年龄组和50—54岁年龄组的劳动参与率与平均水平相同，处于两者中间的各年龄组则较高，55岁以后便急剧降低。从2015年人口抽样调查数据看，劳动参与率在35—39岁达到最高点86.4%之后，便随着年龄提高而下降，分别降低到55—59岁的58.4%、60—65岁的40.5%和66岁及以上的19.4%。

随年龄增加劳动参与率递减这个现象在各国都存在，具有一定程度的普遍性。但是，由于中国未富先老的另一个特殊表现，即受教育水平随年龄增加而降低，劳动参与率递减表现得格外突出。以人均受教育年限衡量人力资本，可以看到，大体上在20岁到30多岁的这个年龄段上，人口的平均受教育程度达到最高。在随后的年龄段逐渐下降，到了50岁以后，特别是在临近法定退休年龄时，人均受教育年限则降到难以适应劳动力市场需求的程度。

积极应对人口老龄化的一个关键任务，就是从改善人力资本入手，提高劳动年龄人口中较大年龄组的劳动参与率。渐进延迟退休年龄的出发点应该是提高实际劳动参与率，而不是为了提高领取养老金的门槛而简单提高法定退休年龄。当前的教育发展是为未来进行人力资本积累，而解决已经面临的人力资本不足的现实制约，需要从继续教育和在职培训着手，按照产业结构变化的需求，提高整个劳动者群体的就业能力和技能水平。

农业劳动生产率是城乡融合发展的基础

一个国家的经济结构可以做多种划分，如城市与乡村、工业与农业、沿海地区与中西部地区，等等。一个国家的经济发展具有阶段性，在某些阶段上经济发展水平在上述分类意义上，具有结构上不平衡的特点，相应地，经济增长在一定时期内也呈现出梯度性。这样的发展模式有其历史渊源，也在改革开放时期的高速增长做出了重要的贡献，同时也付出了经济发展不平衡的代价。

中国经济从高速增长向高质量发展的转变，题中应有之义就是促进经济结构的融合，实现一体化发展。其中，城乡关系是所有结构的核心，因此，城乡融合发展也具有最突出的紧迫性，其出发点就是城市和农村共同解决中国经济面临的挑战，以城乡一体化协同发展保障中国经济增长的长期可持续。而提高农业劳动生产率，是城乡融合发展的基础。

一、农业劳动生产率现状

中国的改革是从农村起步的,以实行家庭联产承包制、废除人民公社制度为标志。家庭联产承包制的具体形式是"大包干",形象地说就是,土地以长期经营权的方式承包给农民,而后者在承包地上生产的产品,"交足国家的、留够集体的、剩下全是自己的"。家庭联产承包制的普遍实行,加上提高农产品收购价格等改革因素,极大地调动了农民的劳动积极性,生产效率得到大幅度提高。

农村改革具有深远的意义。首先,农产品产量大幅度提高,迅速解决了农民不得温饱的极度贫困状况,逐步消除了城市食品供给凭票供应的短缺状态,直到最终基本消除世界银行定义的绝对贫困(每天收入不足按 2011 年价格折算的 1.9 购买力美元)。其次,为农业剩余劳动力转移创造了条件,推动大规模农民工进入城市从事非农产业,提升了产业结构,带来了资源重新配置效率。2018 年,离开本乡镇外出务工的农村劳动力达到 1.73 亿人,其中 78% 进入到各级城镇。最后,随着农业比重逐渐下降,农业现代化水平不断得到提高,支撑了经济高速增长。

农村改革对国民经济的所有这些贡献,都离不开农业劳动生产率的提高。在 1978—2017 年期间,按照不变价计算的每个劳动力平均生产的农业增加值,即农业劳动生产率,提高了 6.26 倍,年平均增长率为 5.2%。从不同时期观察到的农业劳动生产率的增长特点,也折射了改革和发展的阶段性特征。

在家庭联产承包制迅速普及的年份即 1980—1984 年期间，农业劳动生产率提高较快。但是，由于这个改革只具有一次性效应，80 年代中期以后农业劳动生产率提速就缓慢下来。直到 1992 年邓小平南方谈话之后，沿海地区制造业发展产生对劳动力的大量需求，剩余劳动力转移速度较快，农业劳动生产率提高形成一个高峰，随后因城市就业企业实行减员增效改革，就业压力加大导致农业劳动力转移速度放慢，生产率提高速度也再次减缓。

2001 年中国加入世界贸易组织后，外向型制造业对劳动力需求再次膨胀，并且在 2004 年中国经济迎来了刘易斯转折点，劳动力短缺和非熟练职工的工资上涨从此成为常态，又一次加快了农业劳动生产率的提高速度。这样的速度迄今已经保持多年，尚未有减缓的趋势。

农业劳动生产率的大幅度提高，为劳动力转移出农业和快速城镇化奠定了基础，事实上是整个改革开放时期中国经济高速增长的基础性保障。在此基础上，人口红利才得以兑现，分别表现为劳动力数量供给充足、劳动力质量（人力资本）加快改善、低人口抚养比有利于提高储蓄率从而促进资本积累、劳动力充分供给有助于延缓资本报酬递减现象，保障投资高回报率，以及转移剩余劳动力带来资源重新配置效率，使全要素生产率得到提高。

虽然农业劳动生产率提高很快，并且中一些年份，特别是刘易斯转折点之后甚至快于第二产业和第三产业，但是，其间起伏徘徊使得这个速度整体上没有跑赢非农产业劳动生产率提高速度，未能显著缩小农业与非农产业劳动生产率的差距。例如，在1978—2017年期间，第二产业劳均增加值年平均增长7.5%，第三产业劳均增加值年平均增长5.0%，提高速度也相当高，以致农业相对于非农产业的劳动生产率差距得到保持。

例如，1978年第二产业和第三产业劳动生产率分别是第一产业的7.0倍和5.1倍，随后曾经有过缩小到较低水平的时候，但是也曾经达到很高的水平，如2003年第二产业和第三产业的劳均增加值，分别达到农业的19.0倍和6.4倍。2017年，这两个产业劳动生产率仍然分别为农业的16.4倍和4.8倍。这种状况对于城乡协调发展和保持中国经济增长持续健康构成一个阻碍因素，亟待实现重大的突破。

二、发展转折点与动能转换期

在尽享人口红利实现高速增长以后，从21世纪初开始，中国经济分别经历了若干个具有标志性的转折点。第一，2004年在珠江三角洲地区首现民工荒，并由此导致延续至今的全国性劳动力短缺和工资上涨过快现象。由于这种现象符合二元经济发展理论的经典定义，我们称之为刘易斯转折点。第二，2010年15—59岁劳动年龄人口增长到峰值，随后进入负增长阶段，人口老龄化随之加速，这可以被称为人口红利消失转折点。第三，农村16岁到19岁之间的人口，作为向城镇转移的主要组成部分,于 2014 年达到峰值并随后进入负增长,我们称之为劳动力转移减速转折点。

这三个转折点实际上是同一个过程的三个不断增强的阶段,结果是人口红利的加快消失。相应地,所有与人口因素相关的有利于经济增长的变量都发生了逆转性的变化,必然导致经济增长减速。这种现象并不意外,反映出经济发展阶段变化的必然性。研究者和决策者也都认识到,传统经济增长因素的弱化,要求尽快转换经济增长动能,即从生产要素驱动型转向劳动生产率驱动型。不过,在中国经济跨越了一系列转折点之后,能否实现增长动能的转换,有赖于我们增强对农业劳动生产率作用的认识。

我们习惯于说改革开放前 30 多年的高速增长,来自于人口红利这一必要条件。笔者也反复用计量估计结果证明这一结论。不过,我们也应该看到,与人口特征相关的有利于生产要素供给和配置因而促进经济高速增长的诸种因素,归根结底是通过农业劳动生产率的不断提高,才得以转化为增长动能的。劳动力大规模跨地区跨产业转移,带来的劳动供给增加也好,资源重新配置效率也好,都必须建立在农业劳动生产率提高的基础上。

在二元经济发展过程中居于主导地位的农业劳动生产率,有两个不尽相同的提高机制。在刘易斯转折点和其他一系列转折点之前,农业劳动生产率具有被动提高的性质。在计划经济时期,人民公社体制和户籍制度阻碍劳动力流动,长期以来在农业中积淀了大量剩余劳动力,以此为出发点,非农产业和城镇化能够吸纳多少剩余劳动力,农业劳动生产率就在多大程度上得到提高。而在诸种转折点之后,农业劳动生产率的提高就必须由自身发力,换句话说,农业劳动生产率得到多大程度上的提高,不仅决定了中国人的饭碗的安全保障问题,还决定了劳动力转移能够走多快、走多久以及走多远。

问题在于,农业中是否仍然存在着剩余劳动力,从而是否还需要进一步的劳动力转移。我们可以从中国经济所处的发展阶段,根据国际比较看一看农业劳动力比重是否仍然很高。笔者曾经把中国的农业劳动力比重与人均 GDP 高于中国的其他中等偏上收入国家进行比较。结果显示,中国的农业劳动力比重比这些国家算术平均值高一倍还多。这也就是说,中国如果要在不久的将来跨入高收入国家行列,必须在就业分布这一产业结构特征上显著缩小与这些国家的差距。

三、问题导向的城乡融合发展

让我们以更加问题导向的方式,回答农业劳动力是不是需要继续转移的问题。由于劳动力转移速度已经放慢,例如,离开本乡镇外出农民工的年均增长率,从 2000—2009 年期间的 7.1% 大幅度降低到 2009—2018 年期间的 1.9%,劳动力短缺和工资上涨过快的问题十分突出,显著地削弱了长期以来以丰富劳动力禀赋取胜的制造业比较优势和竞争力。这就意味着,已有的生产能力和投资的增量，不可避免地会出现向外转移趋势。在一部分制造业从沿海地区转移到中西部地区之外，还有一个不可忽视的部分转移到了劳动力成本低的国家。

一个直接的后果就是制造业增长速度放慢，从而导致制造业比重下降。虽然制造业比重未必能够完全反映一个国家的工业化程度和水平，但是，制造业比重变化可以从方向上揭示工业化趋势。从各国经验看，国家工业化并不是遵循一个直线式的轨迹推进，而是按照一个不那么规则的倒"U"字形曲线变化。例如，制造业增加值占 GDP 的比重，通常会首先经历一个逐渐上升的过程，到达一定发展阶段后，该比重达到峰值后便转而缓慢下降。中国制造业比重在 1996 年便在 36.8% 的水平上达到了峰值，不过，在随后的十年中并没有明显下降，而是保持相对稳定。在 2006 年之后，该比重才从 36.2% 的水平上一路下降。

中国制造业比重下降，是一个瓜熟蒂落的自然现象，还是具有早熟的性质呢？制造业比重的下降现象，既可能是在较高工业化阶段上产业结构自然演进的结果，也可能是条件尚未成熟时的过早"去工业化"。许多曾经取得制造业发展重要地位的国家，已经经历过制造业比重下降的过程，其经验和教训值得引以为鉴。我们可以把中国的情形与两组国家进行比较。

第一组国家是发达国家美国和日本。早在 1953 年，美国制造业增加值占 GDP 比重达到 26.8% 的时候就开始下降，按照 2010 年不变价，当年美国的人均 GDP 为 16443 美元，农业劳动力占全部劳动力的比重已经降到7%。日本的制造业比重是在1970年34.1%的水平上开始下降的，人均GDP达到18700美元，农业劳动力比重为19%。这两个国家在制造业比重下降转折点上，都属于高收入国家行列，农业产值和劳动力比重都较低。

第二组可供比较的国家是拉美国家阿根廷和巴西。阿根廷制造业比重是在1976年37.9%的水平上开始下降的，其时人均GDP为7292美元，农业劳动力比重为15%。巴西的制造业比重于1980年在30.3%的水平上开始降低，人均GDP为8317美元，农业劳动力比重高达38%。也就是说，两个国家都是在中等偏上收入水平时制造业比重就开始下降。

前述第一类国家的制造业比重下降可谓水到渠成。比重下降之后，制造业在全球价值链中的位置反而加快提升，整个经济的劳动生产率持续提高，迄今仍然保持发达的制造业大国地位。第二类国家的制造业比重下降具有不成熟的性质。制造业比重下降之后，制造业升级并不成功，国际竞争力下降，劳动生产率的提高速度不足以支撑经济持续健康增长。以人均GDP标准来判断，许多此类国家迄今没有进入高收入国家的行列。

由此可以归纳几点经验和教训。首先，人均GDP作为一个标志性指标，揭示出在一定发展阶段上，高速工业化的源泉逐渐式微，在转向以创新和升级为内涵的工业化阶段时，制造业比重下降具有必然性。其次，农业比重下降到较低水平时，意味着不再存在农业剩余劳动力转移压力，同时第三产业也处于较高端，制造业比重下降不会导致劳动生产率的降低。第三，制造业比重下降，绝不意味着该产业的重要性便降低了，相反，新的工业化阶段是制造业攀升价值链阶梯的关键时期。

比照国际经验，中国制造业比重的下降来得过早。在1996年制造业比重达到最高点时，按照2010年不变价计算，中国的人均GDP仅为1335美元，刚刚跨过中等偏下收入国家的门槛，农业劳动力比重高达51%；2006年制造业比重开始下降时，人均GDP也只有3069美元，仍处中等偏下收入国家行列，农业劳动力比重仍然高达43%。

2017年中国在人均GDP达到7329美元时，制造业比重降到了29.3%，农业劳动力比重为27%。从发展阶段和产业结构特征指标来看，与美国和日本制造业比重下降时的差距较大，与阿根廷和巴西制造业比重开始下降时的水平更为接近。这就是说，即便考虑到中国的制造业比重过高，需要一定程度的调整，目前达到的水平仍然应该作为一个警戒线，需要遏止继续下降的趋势。防止过早的去工业化现象，一方面是为了给制造业向技术密集型高端升级、农业剩余劳动力转移、服务业发展和劳动生产率提高留出足够的时间，另一方面是为了给创新核心技术、提升核心竞争力，在产业更高端获得新的全球价值链位置留出充分的空间。

四、如何提高农业劳动生产率

一般发展规律显示，提高劳动生产率有三种途径。第一是通过资本深化。通过扩大资本投入提高资本劳动比率，由于每个工人装备的机器设备更多，可以达到劳均产出增长的效果。第二是提高人力资本。劳动者受教育程度提高或技能改善，都可以在其他因素不变的条件下增加劳均产出。第三是提高全要素生产率。要义是在生产要素投入水平不变的条件下，通过更加有效率地使用投入品增加劳动者的产出。农业劳动生产率的提高无疑也遵循这几个途径，同时也要受到这个产业的特点影响，并且更加针对当前体制中存在的问题。

首先，在刘易斯转折点之后，农业机械化水平大幅度提高，成为农业劳动生产率提高的重要推动力量。例如，在1978—2017年期间，农业机械总动力以年平均5.6%的速度增长。随着农村出现劳动力不足现象，提高劳动生产率的要求日益迫切，在2003—2017年期间，具有劳动节约功能的农用大中型拖拉机及其配套农具的数量，年平均增长率均超过14%。这既是一个典型的劳动力短缺诱致劳动节约型技术变迁的过程，也符合资本深化的一般规律。

然而，对农业物质投入的大幅度增加，也带来投资回报率下降的问题。在经济学中，资本报酬递减是一种具有规律性的现象，通常是由于其他生产要素的瓶颈制约。农业生产主要由资本、劳动和土地这三种生产要素投入决定。虽然劳动力无限供给的特征正在逐步消失，但是，高达27%的劳动力生产占GDP仅7.6%的农业增加值，说明劳动要素尚未构成农业发展约束。土地在中国的确是一种有限、稀缺的生产要素，不过，在这里倒不是说耕地资源的总量，具有意义的是土地的经营规模。由于土地流转尚不畅通，集中度不够高，中国每个农户经营的土地规模既小且分散。

世界银行把拥有土地规模小于两公顷的农户定义为小土地所有者，而中国农户的平均土地规模仅为这种小土地所有者规模的1/3，从国际比较来看可谓超小规模。在如此有限的耕地规模上持续不断地进行物质投入，必然导致资本回报率下降现象。通过估算三种粮食作物的资本边际生产力，可以看到非常明显的资本报酬递减趋势。以2007—2013年平均水平与1978—1990年平均水平相比较，粳稻、玉米和小麦的资本边际生产力分别降低了27%、29%和19%。

其次，随着中国劳动年龄人口受教育水平的提高，人力资本得到显著的改善。但是，由于农村劳动力配置的扭曲，农业劳动力的人力资本反而有弱化的倾向。由于目前的户籍制度和劳动力流动状况，户籍在农村的劳动力被分成两个群体，一部分留在农村，大多数可以被看作是农业劳动力，另一部分则外出打工，成为在本乡镇内和离开本乡镇的农民工。

总体来说，转移出农业的劳动力既年轻且具有较高的受教育水平，例如，2018年在全部农民工中，年龄在40岁以下的占52%，受教育水平在初中以上的占83%。其中，离开本乡镇的外出农民工具有更富生产性的人口特征。相反,留在农村务农的劳动力则具有年龄偏大并且受教育水平低的特点。正是由于户籍制度的存在,把家庭成员按照各自的生产性特征,在经济活动和就业地域上分割开来,因而成为农村劳动力配置这种扭曲状况的体制原因。

最后,提高全要素生产率的途径包括体制改革、技术创新和资源重新配置。过去40余年的改革,奠定了有活力的农业生产经营激励机制,农业科学研究和技术推广应用也取得很大的进步。而当前的最大制约因素,则是由于土地资源不能在经营者之间实现充分流动,没有集中到最有能力的经营者手中以实现更有效配置。

实际上,早在20世纪80年代后期开始,随着农业劳动力剩余现象逐渐显现出来,在劳动力转移压力渐渐增大的同时,也出现了利用规模经济的需要,相应地便形成了对土地流转的要求。这就是一种对制度的需求,要求诱致出一种土地流转的机制。通过多年的探索,农民和地方政府也获得很多经验积累。党的十九大报告提出完善承包地"三权"(所有权、承包权和经营权)分置制度作为农村土地制度改革方向,就是这些制度创新实践经验的结晶。此外,土地经营规模扩大的程度,也与农业劳动力转移的速度和稳定性互为条件、相互制约。

可见,土地经营规模狭小,是资本报酬递减规律在制约农业劳动生产率的提高;而劳动力转移不彻底,从人力资本积累和全要素生产率方面制约农业劳动生产率的提高。从两个方向推动解决问题的政策，充分反映在中共中央、国务院《关于建立健全城乡融合发展体制机制和政策体系的意见》中，即第一，有力有序有效深化户籍制度改革，放开放宽除个别超大城市外的城市落户限制；第二，完善农村承包地"三权"分置制度，在依法保护集体所有权和农户承包权的前提下，平等保护并进一步放活土地经营权。只有真正落实好这两项要求，才能保持农业劳动生产率的持续提高，有力支撑城乡融合发展。

开启新动能:大湾区建设与高质量发展

子曰:四十而不惑。改革开放 40 年成功经验及其体现的中国智慧,既可以为其他发展中国家所借鉴,丰富发展经济学文库,更是中国自己今后继续发展的指导。中国经济从高速增长转向高质量发展,需要按照以往的发展理念和改革开放逻辑,通过进一步改革开放,获得新的增长动能。粤港澳大湾区建设,体现了新的发展理念及其要求,是一个全局性的战略谋划和重要的政策抓手。本文简述改革开放发展历程和经验,在认识中国经济发展大逻辑中,揭示大湾区建设的必然性和必要性,在学理分析的基础上从政策层面提出建议。

一、解析中国经济高速增长

中国经济实现长达 40 年史无前例的高速增长,靠的是市场导向的经济体制改革与拥抱经济全球化的对外开放。从供给侧看改革开放成效，微观主体的激励机制得到改善，生产要素的配置转向市场机制，打破了稀缺生产要素的积累瓶颈，更充分利用了丰裕的生产要素，通过招商引资加快了技术和管理水平的提高。从需求侧看改革开放成效，人民收入与经济增长同步提高、大规模建设和投资以及参与经济全球化，获得了巨大的需求拉动力。这些都是显而易见的事实，可以在既有的经济学框架内予以理解。

然而，对于为什么中国经济能够达到如此史无前例的增长速度（如 GDP 年均增长率 1978—2017 年为 9.5%，其中 1990—2011 年为 10.4%），以及为什么近年来增长开始减速（如 2011—2017 年为 7.2%），经济学家尚未取得共识，观点莫衷一是，需要我们观察中国这个时期的特殊增长条件及其变化。

中国改革开放时期的前 30 年与人口转变的一个特殊阶段相重合，1980—2010 年期间，人口变化特征是劳动年龄人口快速增长，非劳动年龄人口则近乎零增长。这种人口转变造就的"生之者众、食之者寡"的人口结构，为中国实际开启了一个人口机会窗口，分别从高储蓄率和高资本回报率、劳动力和人力资本充分供给，以及资源重新配置等方面创造了人口红利，并通过改革开放转化为经济高速增长。也就是说，2012 年减速之前的增长速度与有利的人口因素密切相关，之后的减速则在于人口因素的逆转性变化。

随着 2010 年以后劳动年龄人口转向负增长，人口抚养比迅速提高,传统人口红利开始加速消失。首先,劳动力短缺导致工资持续提高,迄今已超过劳动生产率提高的幅度,制造业的比较优势减弱。其次,随着新成长劳动力数量减少,劳动力素质改善速度也放慢了。第三,劳动力短缺及其引致的资本替代劳动过程,导致资本投资报酬递减进而使投资回报率下降。最后,农业劳动力转移速度放慢,资源重新配置过程减速,生产率的提高难度也必然加大。由于上述原因,生产要素驱动的经济增长难以为继。因此,中国经济保持可持续增长,必然要求转变经济增长方式,寻找新动能,转向高质量发展。粤港澳大湾区建设,就在这个中国经济发展的大逻辑之中。

二、梯度式改革开放发展历程

中国的改革开放以渐进性特点著称,经济增长也具有区域上的梯度性特征。从区域对外开放来看,1979年在邓小平倡议下中央决定设立了四个经济特区,1984年确立了14个沿海地区开放城市,1988年海南建省并成为特区,1988年进一步扩大沿海地区开放,提出沿海地区开放经济发展战略。在此基础上,1992年邓小平南方谈话之后,外向型、劳动密集型制造业在沿海地区获得迅速发展,把劳动力丰富的要素禀赋转化为产业比较优势和国际竞争力。可见,梯度形成的增长点既是整体经济的动力源,也成为改革开放的示范中心和增长模式的辐射源。

中国被称为制造业中心,在很长时间里是由于劳动密集型产业的发展和产品出口。这个产业地位及其形成，分别以两个与贸易相关的经济学理论为依据，即古典经济学开创的比较优势原理和新贸易经济学的规模经济原理。前者解释了为什么是中国具备条件成为新的制造业中心——有着丰富且具有必要受教育程度的劳动力，表现为比较优势；后者解释了为什么是沿海地区，而不是劳动力更加丰富的中部地区率先形成制造业中心——较好的交通运输及其他基础设施条件和产业配套能力，表现为规模经济。由此形成了中国经济增长的区域性和梯度特点。

为了解决区域发展不平衡的问题，加快经济增长的梯度推进，在把改革开放逐步深入到中西部地区的同时，针对这些省份人力资本欠缺、基础设施薄弱、产业结构单一以及对资源依赖性过强等制约经济发展速度的问题，从 21 世纪初开始，中央政府开始实施西部大开发战略，随后又启动中部崛起战略和东北等老工业基地振兴战略等，基础设施投资和基本公共服务投入大幅度向中西部地区倾斜，并落实在一系列重大建设项目的实施上。这几个区域发展战略以及实施的一系列建设项目，显著改善了中西部地区的交通状况、基础设施条件、基本公共服务保障能力和人力资本水平，推动了产品市场和要素市场发育，显著改善了投资条件和发展环境。

在 21 世纪第一个十年中，中国经济发展迎来了两个重要的转折点。第一，自 2004 年以来劳动力持续处于短缺状态，并导致普通劳动者工资的迅速上涨，从而使单位劳动成本上升；第二，2010年15—59岁劳动年龄人口达到峰值，随后进入负增长阶段，人口抚养比由降转升，标志着人口因素全面转向不利于经济增长。这种转折点效应最先表现在沿海地区劳动力成本提高从而制造业比较优势弱化，使得经济增长难以保持既往的速度。如果完全以以往的发展经验为依据，即遵循所谓的国际产业转移的雁阵模式，中国制造业比较优势的下降，将导致产业大规模向劳动力成本低廉的国家转移。

三、大湾区的经济学逻辑

经济学家把东亚经济体之间由于比较优势差异及变化而发生的产业转移概括为雁阵模式。对该模式，有三个要点需要强调，即如果从不同经济体或不同区域之间关系的角度观察经济发展的话，一是具有梯度性，世界经济或区域经济发展有先行者和赶超者，有领头雁和追随群；二是具有渐次性，经济体各自按照资源禀赋和比较优势变化定位发展模式；三是具有动态性，随着比较优势和其他条件变化，不同经济体的相对地位发生变化，原有发展模式也会改变。按照雁阵模式内在的逻辑而非表面现象，我们可以预期也确实看到，日本向"亚洲四小龙"以及后者向东盟国家和中国大陆进行产业转移的雁阵模式，在此时此地发生了形态变化。

首先，随着西部开发战略和中部崛起战略效果的显现，并且由于这些地区相对而言仍然保持劳动力成本较低的优势，尽管发生了制造业转移到其他国家的情况，产业转移也普遍地发生在沿海地区与中西部地区之间，国际间的雁阵模式变成了中国的国内版。迄今我们已经看到，劳动密集型制造业开始加快向中西部地区转移，表现为中西部省份的工业投资领先增长，例如，规模以上工业企业的固定资产增长速度，中西部地区自2005年以来明显超过东部地区。其结果是，中西部地区的经济增长相对加快，地区差距呈现缩小趋势。

其次，随着人均收入水平继续提高，以及劳动力短缺现象渗透整个中国内地省份，进而各地工资水平进一步趋同，中国在一些劳动密集型产业上的比较优势终究会丧失，因而雁阵模式不可避免要回归其国际版，即劳动密集型制造业向尚享有人口机会窗口的国家转移。"一带一路"倡议的推进，应用中国改革开放发展共享实践所证明的有效经验，着眼于改善沿线国家基础设施条件，实现互联互通，进行国际产能合作，通过人文交流实现民心相通，正是在培育着这个国际版雁阵模式。

第三，正如贸易与合作并不仅仅以生产要素具有互补性为唯一前提，规模经济效应也曾对传统制造业的区位布局产生重要影响一样，更高水平的聚集效应和规模经济，应该是粤港澳大湾区建设以及九个城市进行合作的经济学依据，也是提高产业在全球价值链中地位的必然要求，我们可以称之为雁阵模式的规模经济版。相应地，这一区域合作模式也是中国经济更加开放，获得新的动能，以实现更有效率、更加公平、更可持续的高质量发展的重要抓手。

四、如何凝聚大湾区优势

广东省是全国的改革开放先行区，拥有最早四个经济特区中的三个，也是第一批获准建设的自贸试验区之一。香港特别行政区以其高度的开放度和经济自由度，以及作为金融、贸易和现代服务业中心，具有特殊的优势。澳门特别行政区的旅游服务业和区位特点也使其独具优势。鉴于粤港澳大湾区合作的功能定位，在实施推进中应该立足该区域的初始条件特点，在发挥各自优势的同时，重点凝聚其作为整体的规模经济和聚集效应优势，唯此才能成功完成其独特使命。与此同时，在充分进行顶层设计的前提下，在先行先试中应及时总结形成更具一般性的经验，使其在理念和实践层面可推广、可借鉴、可复制。

第一，发挥和扩大交通运输通信等基础设施密度和网络化程度高的既有优势，进一步推进其在区域内的互联互通。特别是提高金融、保险和生产性现代服务业的一体化程度，形成区域性优势并辐射全国，促进人流、物流、资金流、信息流畅通，为区域内实体经济服务，带动全国产业优化升级，为推进"一带一路"建设服务，并成为全国乃至全球制造业的金融等专业服务、创新、科技中心。

第二，促进生产要素的流动与集聚，探索高质量发展条件下通过资源更有效配置提高全要素生产率的经验，为全国提供有益的借鉴。这个地区具有世界上其他已有湾区不具备的特殊优势，即在提高劳动生产率的条件下，仍然在一定时期保持人口红利潜力可供挖掘。为此需要广东省率先于全国突破户籍制度改革的最后关口，推动农民工市民化进程，提高区域经济发展的共享水平，防止外来劳动力返乡倒流，形成吸引各类外来人才和劳动力的聚集地，在区域内保持并尽可能长期延续人口红利。

第三，聚集、培养和扩大企业家群体，激励具有创新创业精神和现代经营理念的企业家蜂拥而至、成批涌现，推动创新创业活动空前活跃、排浪式展开。中国经济发展已经进入的这个新阶段，必须通过创造性破坏实现生产率的提高，进而推动中国经济向高质量发展转变。因此，企业家的内涵已经从单纯的投资者和经理人员回归其创新本意，在优胜劣汰中应用新技术、创新产品、开拓市场、形成新业态、创新产业组织形式，迎接新一轮科技革命和工业革命。

第四，借鉴和吸收国际有益经验，遵循国际规则和惯例，推动该区域各地的政策、制度和规则的有效衔接，促进产品市场的统一、完善和一体化程度，形成现代化经济体系所要求的市场机制和市场制度。大湾区既具有强大的产业集群，同时也是一个庞大的消费市场，还是高质量产品的输出地，这都决定了该区域产品市场的发育和完善，不仅对自身具有决定胜负的作用，也对全国具有举足轻重的示范意义。

如何平衡"飞龙"之两翼

如果把中国置于世界经济范围，或者把一个地区置于中国经济整体，我们往往可以看到一个动态变化的雁阵模式，即制造业的竞争优势在经济体之间依次转换，每个经济体通常只能在该类产业保持一定时间的领导地位。这个模式较好地刻画了东亚经济发展模式的特征化事实，也根据中国发展实践和经验发生了一些变化。特别是，中国改革开放以来特区发展、制造业发展及其区域特征的经验，从两个方面丰富和发展了这个模式。

第一，中国作为一个巨大而具有区域多样化特征的经济体，在这里，雁阵模式从其国际版本即制造业竞争优势从一国到另一国的转移，扩展为国际版本加国内版本，后者是指制造业竞争优势在一国地区之间依次转移，我称之为"国内版雁阵模式"。

第二，中国经验表明，制造业竞争优势的形成，不仅取决于比较优势效应，还取决于包括区位因素、交通运输、基础设施、产业配套等在内的聚集效应或规模经济效应。相对于比较优势效应，后者发挥越来越重要的作用。

对传统雁阵模式的这种拓展，不仅是实际经验的结果，也符合相应的理论预期，包容了报酬递减和报酬递增等理论假设。这一理论发展具有重要的意义，扩大了该假说的解释能力和解释范围。

迄今为止，我们观察到的雁阵模式，所描述的对象是劳动密集型制造业的竞争优势转移。如果理论解释仅局限于此的话，即便产生雁阵模式的国内版，随着比较优势的动态变化即劳动力无限供给特征在中国的整体消失，该产业终究要转移到国外，即回归雁阵模式的国际版。换句话说，制造业终究要转移到生产要素价格更加低廉的国家和地区。

然而，更高版本的雁阵模式，把制造业竞争优势作为考察对象，并考虑到规模经济效应，便可以帮助我们认识另一种可能的前景：制造业竞争优势以在中国地区间双向、重复转移的方式，得以长期持续保持。为了更确切地描述这种现象，我们可以称之为"飞龙模式"，既表明中国经济规模之庞大，又取其"神龙见首不见尾"之意。

经济发展的不平衡总是存在的，旧的不平衡消除了，还会产生新的不平衡。从全国来讲，实际上经济发展就是在区域间不均衡与均衡的不断转换中实现的，要在发展中营造相对平衡；

对于一个地区来说，如果能够把握好比较优势效应和规模经济效应这飞龙的两翼，则可以始终立于不败之地。

研究表明，在1998—2008年期间，在中国制造业的区位决定因素中，规模经济效应的作用下降了46.5%，同期工资水平和土地价格等成本效应或比较优势效应的作用提高了80%。根据飞龙模式，我们预期规模经济效应在制造业区位决定中的作用，完全可以再次提高。同时，这也不意味着要回到以规模经济为主，而是取得飞龙两翼的平衡，任何地区做到这一点，制造业便可以继续展翅而飞。

全国已经经历过规模经济与比较优势两种效应同时发挥作用，到规模经济效应作用递减，比较优势效应扩大的过程。结果便是制造业从沿海地区向中西部地区的转移。在这个过程中，与其他珠江三角洲地区一样，深圳特区一度也尝试"腾笼换鸟"。这种努力表面看上去似乎效果不显著，其实并不是坏事。如果把腾笼换鸟的思路换成凤凰涅槃，意味着深圳不能没有制造业，只不过是走向更高水平的制造业。同时，在制造业优化升级的条件下，服务业发展才是高端可持续的。

对深圳来说，今后也不能放弃制造业。以往的认识，以为高度发达的经济体可以不需要制造业，不需要非熟练劳动力，后来的事实表明，这种做法最终导致极其惨痛的后果，最初主要表现在拉丁美洲国家，可以称为"拉美病"，后来又可以叫作"美国病"，实际上也是许多其他发达国家和地区的通病。事实证明，没有制造业及其升级换代，普通劳动者就不可能有梦想和未来，中产阶级也必然萎缩，社会也就没有凝聚力。

中国特色社会主义先行示范区和粤港澳大湾区建设，为深圳提供了打造高端规模经济，重塑比较优势的千载难逢的机遇，给深圳塑造飞龙之两翼提供了两大优势，即同时拥有大湾区的规模经济（高端聚集效应）和广大中西部地区的人力资源，这是世界上任何发达地区都不具备的，不能有丝毫的放弃、浪费或滥用。

最近美联储前主席格林斯潘指出，人口老龄化是全球投资萎缩的根源。这个判断并不完全准确，但是其哪怕有一半的正确性，也意味着在21世纪，对于任何地区而言，都可以说得人口者得天下。深圳"示范"作用不再是高速度而是高质量，不仅是促进人口的横向流动，更是为其社会纵向流动搭建阶梯，在以人民为中心的发展上先行先试。

认识与发挥超大规模消费市场作用

中央经济工作会议把"有超大规模的市场优势和内需潜力"作为我国经济稳中向好、长期向好基本趋势的优势保障之一,要求充分挖掘超大规模市场优势,发挥消费的基础作用和投资的关键作用。这里所讲的超大规模市场提供了宏观经济内需,包括消费需求和投资需求。由于以下三个原因,本文将着重讨论居民消费意义上的超大规模市场和内需潜力。其一,投资需求实际上也是由消费需求所派生的,并且投资的终点也是消费。其二,从过度依赖投资拉动经济增长,到形成投资与消费平衡的需求结构,是发展方式转变的重要内容。其三,在宏观经济周期波动中,最需要关注的是可能受到冲击的居民消费。

一、规模庞大的中等消费群体

2019年末,我国人均国内生产总值(GDP)预期将超过1

万美元，已经超过中等偏上收入国家的平均水平，意味着我国正在向高收入国家行列迈进。随着经济发展成果得到广泛的分享，在我国形成了一个庞大的中等收入群体。虽然学术界对于中等收入群体的界定众说纷纭，采用不同标准估算出的中等收入群体规模也不尽相同。但是，按照国家统计局的居民收入五等份分组，我们仍然可以对我国中等收入群体的总规模，做出一个粗略的估计。

2018年，我国居民人均可支配收入达到2.82万元。在国家统计局的收入分组中，被归入低收入组和中间偏下收入组的住户总数为1.81亿户，占全部户数的40%。2018年，这两部分住户的平均人均可支配收入分别为6441元和1.44万元。其余60%的住户，即中间收入组、中间偏上收入组和高收入组的住户合计为2.72亿户，人均可支配收入分别为2.32万元、3.65万元和7.06万元。由于这三部分住户按购买力平价计算的起点人均收入，约为每天18.2美元（中间收入组的平均水平），系世界银行绝对贫困标准1.91美元的近十倍，因此，把人均收入在中间收入组水平以上的这60%住户，作为宽泛定义的中等收入家庭也是有充分理由的。

并且，如果按照学术界常用的相对收入标准来定义中等收入群体，即把达到并超过平均收入水平75%的人口组别都作为中等收入群体的话，2018年中间收入组的平均收入已经符合这个标准。其实，如果仅以占全国家庭户40%的中间偏上收入户和高收入户作为中等收入家庭，也高达1.81亿户。

在做出适当调整后,粗略地把家庭数与人口数对应起来的情况下,我国中等收入群体大体上在 5 亿到 7 亿人之间。这一世界上最大的中等收入水平群体,也是潜在的消费群体,为形成超大规模消费市场奠定了人口基础。从消费者的构成和每个群体的收入增长趋势来看,在消费潜力提高方面,我国至少有两个独特的优势。第一,目前的较高收入者是一个消费不断升级的高消费人群,相应地,对产品和服务供给的质量提高和结构优化提出了不断更新的需求。第二,目前的较低收入者将随着收入水平提高,不断以庞大的数量充实和提升现行的消费者群体,发挥了保持消费市场及其超大规模可持续性的作用。

二、以民生为出发点和落脚点

中外发展经验都表明,经济增长并不会自动实现发展成果的充分和均等分享,现实中也不存在随着经济总量扩大,收入分配状况可以自然而然得到改善的所谓"涓流效应"。同样地,庞大的中等收入群体和超大规模消费市场也不是自然而然形成的,也不会一劳永逸地得到保持和不断壮大,而是在经济发展的前提下充分分享的结果,也就是要在做大蛋糕的同时分好蛋糕。随着我国经济进入新阶段,在人均收入提高的同时,也出现了一系列新的因素,对中等收入群体的稳定和持续扩大提出新的挑战。

首先,劳动力市场初次分配机制对于收入分配状况改善的效应减弱。在高速增长阶段，劳动力市场的逐步发育推动了剩余劳动力转移和就业的扩大，城乡劳动者通过更加充分地参与经济活动，从整体工资性收入的增长改善中获益。随着2010年之后劳动年龄人口增长逐年减少，出现了经常性的劳动力短缺，相应推动了工资水平的提高，也有利于提高普通劳动者和低收入家庭的收入。随后，当经济增长速度下行成为新常态时，上述两种效应都会减弱，劳动力市场初次分配不再能够产生期望的收入分配改善效果。

其次，技术变革和产业调整会给部分劳动者及其家庭带来冲击。新技术革命、新一轮全球化，以及我国加速进行的产业结构调整、发展方式转变和增长动能转换，都要求淘汰低效和过剩的产能，在创造新岗位的同时也不可避免地破坏旧岗位。虽然不再应该为了保护岗位而给低效产能留下生路，然而，在转岗中面临困难的劳动者及其家庭，需要在充分覆盖的社会保障框架中得到保护，从而使居民的基本消费不至因这些必要的调整而降低。

最后，导致经济增速下降的人口因素，同时也彰示对特定人群予以特别关注的需要。人口老龄化加速和可供转移的农村剩余劳动力减少，提高了制造业的劳动力成本，减慢了人力资本改善速度，产生了资本报酬递减效应，也缩小了通过重新配置劳动力提高生产率的空间，其结果便是潜在增长率的下降。与此同时，老年人口、进城农民工和返乡农民工，也可能遭遇收入增长速度减慢的冲击。要维护超大规模消费市场，必须采取措施保障这些人口群体的民生不断得到改善。

三、塑造更加平衡的需求结构

改革开放以来，特别是加入世界贸易组织以来，净出口对我国 GDP 增长做出较为重要的贡献。然而，总体来说，这一外需因素对 GDP 的贡献份额并不很高，年度之间波幅却较大。每逢净出口受到世界经济不利形势冲击的时候，国内投资在弥补需求缺口方面发挥了主要的作用，做出的反应也比较及时。相比而言，消费需求的这种作用显得平缓，却更加可持续。

例如，在 2008 年受到世界金融危机影响时实施的宏观经济政策措施，目的就是改变经济增长的需求因素。当时，我国净出口对 GDP 增长的贡献率从上年的 10.6% 骤降到 2.6%，资本形成的贡献率相应从 44.1% 提高到 53.2%。之后，净出口的贡献变成负值，资本形成的贡献率进一步大幅度提高，2009 年达到 86.5%。虽然当时出台一揽子投资计划是必要的，但是也带来后遗症，导致高负债、产能过剩，甚至高污染项目等与传统发展方式相关的现象复归。与此相反，在应对金融危机和消化前期政策遗留问题的过程中，消费对经济增长贡献度的提高，呈现出势头稳定的特点并持续至今。可见，消费作用的增强不仅表现为拉动经济增长的作用，也体现在平衡宏观经济需求结构的作用上面。

在人口红利加速消失的同时，我国经济相应从高速增长转向了高质量发展阶段，这同时要求加快发展方式转变和增长动能转换。传统发展模式所具有的不平衡、不协调、不可持续特征，集中体现在经济增长的投资驱动上面。对于这一模式及其带来的后遗症，需要通过两种途径推进供给侧结构性改革予以解决。首先，针对存量进行改革，旨在消除过剩产能和降低债务杠杆。其次，针对增量进行调整，利用新的体制和机制形成更加平衡的"三驾马车"需求结构。培育一个庞大的中等收入群体和超大规模的消费者群体，是支撑供给侧结构性改革的重要条件和基础保障。

四、逆周期调节的有效手段

宏观经济周期的下行波动，是指在长期经济增长趋势即潜在增长率的基准上，由于需求侧因素的冲击导致生产能力利用不足，使实际增长率偏离（低于）潜在增长率。其中，劳动力不能充分就业就意味着出现周期性失业。这里，劳动力市场状况对于宏观经济调控有两点含义。

第一，失业率变化对宏观经济周期波动的反应比较灵敏。一项对美国 20 世纪 70 年代以来经济衰退与失业率关系的分析表明，如果三个月平滑的失业率比此前 12 个月的最低点水平高出 0.5 个百分点，则意味着出现经济衰退。这个规律性现象因其发现者而被命名为"萨姆法则"。从以往的经验看，在出现萨姆法则所显示的预警信号之后，失业率通常继续攀升至经济衰退结束之时。该法则说明，失业率这样的劳动力市场信号是一个领先性指标，基于这个信号的预警机制，可以帮助宏观经济政策部门及时做出决策，采用相应的政策工具实施逆周期调节。

第二，失业率上升自然会对民生产生负面影响。从理论逻辑和数据分析都可以发现，居民收入增长情况受到就业状况的直接影响，而收入增长状况又以一种时间上略为滞后的方式影响居民消费。由于宏观经济逆周期调节的终极目标以及检验标准，是通过把增长速度保持在合理区间，实现就业稳定和民生改善，所以，就业状况无疑是最恰当的政策实施依据，譬如把失业率作为宏观经济政策方向、出台时机和实施力度的依据。此外，以直接针对稳定就业的政策措施实施宏观调控，具有目标明确和手段有效的优势。依据劳动力市场信号做出旨在稳定民生的政策应对，对于稳定居民消费进而保持内需具有显著的作用。可见，稳就业和惠民生的政策本身也是一种有效的逆周期调节手段。

不解决激励不相容问题，
环保政策难以落地

气候变化和环保问题引来越来越多经济学者的关注。在环保政策理念的认知方面，政府和学界有了越来越多的一致性，基本的政策措施也已出台。但是，如何将政策理念真正落到实处，仍然值得思考。

经济学界在气候变化和环保的问题上，首先应该做的是通过理论让人们认识到问题的重要性。我们可以从解决问题的成本和收益方面做分析，而且这个分析不仅要从价值角度做，还要从政治经济学角度做。有些学者还特别指出气候变化的危害性和危险性，做出了如同末日启示录一样的警示。接着，我们要进一步改变人们的目标函数，重新定义发展本身。

更重要的是，我们还要把对环保问题的认识和理念转变为国内的发展战略和国际上的态度和行动，甚至转变为恰如其分的产业政策，这对中国和其他各国都同样重要。但在环保政策落地的问题上，常常会遇到一定的难题：政府做出多种部署和安排，资金投入也可谓巨大，但是，由于中央和地方之间存在着激励不相容问题，有时使政策难以真正落地，并且政策效果大打折扣。

激励不相容问题有一定的普遍性。比如，美国特朗普政府退出"巴黎协定"，但美国很多州政府仍在继续履行"巴黎协定"的承诺。这是一种类型的不相容。我国加入并日益主导着"巴黎协定"，同时也可以看到，我国中央政府的政策意图并未完全得到地方政府和企业的落实。

在环保理念上，学界一直在努力出谋划策，中央政府也将其重要性提到前所未有的高度。习近平总书记生态文明思想从战略高度上明确了生态文明建设是根本大计，是新时代中国特色社会主义思想的重要组成部分，绿色发展成为统领我国发展全局的五大发展理念之一。但是，如果不解决中央和地方的激励不相容问题，这些理念和承诺在落实中就会存在"中梗阻"。

激励不相容的一个主要问题是地方政府还有GDP动机。对此我曾注意到一个现象，借此隐喻而称之为"西岭效应"。唐代诗人杜甫诗云："窗含西岭千秋雪，门泊东吴万里船。"现代人在成都遥望，以前其实是看不到西岭的，因此一直以为杜甫的说法是一种文学的夸张。然而在汶川特大地震之后，由于经济活动一度显著减少，空气质量大幅度改善，人们发现，在成都市内真的可以看到西岭。

"西岭效应"从一个侧面说明了空气质量和经济活动之间的关系。发展是硬道理,但如果没有高质量的发展,过度透支环境等因素,便会使得硬道理也很难持续。特别是从 GDP 角度说,中央政府和地方政府所追求的目标还不完全一致,在从高速增长到高质量发展转变的节奏上也不完全一致。这就带来一系列问题,比如中央政府为推进高质量发展出台一些政策,包括转向增长新动能。

但是新动能本身尚未在实践层面定义清楚。地方政府仍在以习惯性的方式促增长,这样的话,新动能未必获得新机遇,未必能真正发展起来。因此,激励相容的前提是对高质量发展从实施层面做出清晰的界定,降低模糊性,以坚定而清晰的政策导向,让地方政府和企业真正大有可为,而不是投机或偷换概念,或者同中央有关部门玩猫鼠游戏。

仍以经济增长新动能为例。我们要实现新旧动能转换,首先要清晰地界定什么是新动能,简单地说哪些产业属于新动能,哪些产业不是,似乎不是一个恰当的界定方法。我们现在是模糊地推定第三产业属于新动能,至少包含了新动能。如果以此为导向,就要减少制造业,因为制造业会有更高的排放和污染。但我们第三产业的效率和附加值并不高。如果简单地以第三产业替代制造业,结果将是国民经济整体的劳动生产率下降。这就形成一个悖论,回到"西岭效应":发展就会污染环境,想要好环境就别发展。

再具体一点,我们要大力发展清洁能源,有些地方以此为借口追求上项目、求增长之实,则会形成清洁能源并不清洁的情况。我国有严重"弃风""弃水""弃光"等问题,投入了大量的资金建设,却在机制上没有真正为新动能做出合理安排,地方政府只把建设本身当成了保持GDP的手段,并非真正发展新能源,建成以后又回归到传统能源,"大力发展新能源""推进新旧动能转换"都停留在口号上,常常成为地方政府追求GDP的新工具。

因此,在我看来,虽然我们用新产业、新动能的说法,但整个实施机制的内核里,GDP第一的目标并没有根本改变,这就使得新产业新动能只能获得阶段性发展,成为一种工具,而不是目标,因此可持续性难以保障,高质量发展难以落实。诚然,中央政府可以把环保目标定得很高,在政策文件中可以使用更严格的词汇,但要想让环保政策真正落地,最重要的还是解决好中央和地方政府的激励不相容问题。

凝聚和培养企业"向上的力量"

在举国庆祝中华人民共和国成立 70 周年之际，中国经济正在一个崭新的发展阶段上，加速从高速增长向高质量发展转变。这个转变既是党的十九大对中国经济整体提出的新要求，也需要体现在每一个经济活动主体的身上。高质量发展在宏观层面与在微观层面，虽然就目标和评价而言从根本上应该是相同的，具体表现和实现途径却不可避免地有所差异。

在宏观经济层面，提高发展质量要求符合创新、协调、绿色、开放、共享五大发展理念，把经济发展方式从生产要素投入驱动型转到全要素生产率驱动型上来。很显然，衡量这个转变是否成功，就要看全要素生产率的整体表现。在高速度、粗放型的发展阶段上，生产率提高的源泉既具有"低垂的果子"般举手可得的性质，也具有赢者多、输者寡的"帕累托改进"性质。

全要素生产率，归根结底是一种配置效率，在于生产要素在流动和重组中以更高的效率得到配置。在改革早期并且经济增长收获人口红利的阶段上，劳动力从农业转向非农产业是一个劳动者提高收入、国民经济整体获得资源重新配置效率的过程。这种效率源泉既比较容易发现和获得，在重新配置资源的过程中，通常也无须以某些群体的损失为代价，是2010年以前中国经济高速增长时期全要素生产率的主要来源。

在中国经济进入更高发展阶段后，随着2010年以后人口红利加速消失，劳动力转移带来资源重新配置效率的全要素生产率源泉式微乃至消失。一方面，全要素生产率越来越成为唯一可持续的经济增长源泉，另一方面，全要素生产率提高难度加大，越来越需要依靠企业间的资源重新配置获得。而这种新形态的资源重新配置，表现为有效率企业的进入和成长，同时无效率企业的退出或死亡，这个过程，便是人们常说的熊彼特式创造性破坏。

在微观层面或者说在经营主体层面，提高发展质量就意味着在秉持新发展理念和恪守企业社会责任的前提下，每一个企业都要追求经济效益和扩大经营规模，从竞争生存到持续发展。很显然，任何企业都要选择"进入"而不是"退出"，"生存"而不是"死亡"。这显然与宏观层面的机制不尽相同。

平衡高质量发展在宏观和微观两个层面的不同表现，既需要建立有效的奖励和惩罚并用的激励机制，也需要实施必要的、符合市场竞争原则的扶持政策，从培育初创企业、加大技术渗透力、维护平等竞争等方面为企业发展追加养料。因此，以"向上的力量"这一隐喻来表达企业的发展故事，实际上也具有这种激励与培育并重的含义。这很容易使人联想起原始森林里的树木——心无旁骛，争先恐后，竞相向上。对它们来说，以"向上"为目标，是为了追逐阳光，所以，得到阳光照耀就是树木的成长动机；树木能够做到"向上"，也需要获得足够的养料来哺育，才能有自主攀升的力量。

经济学和管理学无疑要研究企业的目标和激励问题，产业经济理论也关注企业需要什么样的扶持，以及这些扶持措施应该以怎样的方式实施。不过，任何理论都只是丰富多彩和千差万别的企业实践的高度抽象。怎样做、做什么能够使企业有最大的机会取得成功，哪些做法容易导致企业的失败，通常不是经济学和管理学能够给出的答案。我们从各种各样的企业发展案例，看到了成功与挫折，分别从正反两个方面注释了无情、抽象但又躲不开的"创造性破坏"。

2020年，中国将全面建成小康社会，同时开启全面建设社会主义现代化国家的新征程。在这个新征程中，建设现代化经济体系和实现高质量发展的任务愈加紧迫。理论和政策研究者任重道远，站在创新和创业一线的企业家更需要先行先试。研究企业发展并从更加宏观的层面进行思考和总结，有助于把高质量发展理念落实在企业发展之中。

第五编

应对风险挑战

在防范化解风险中织密织牢民生保障网

习近平总书记在省部级主要领导干部专题研讨班重要讲话中指出：我们既要保持战略定力，推动我国经济发展沿着正确方向前进；又要增强忧患意识、未雨绸缪，精准研判、妥善应对经济领域可能出现的重大风险。当前，在经济形势总体向好，正在迅速跨越中等收入到高收入国家门槛的同时，中国经济发展面临的国内外条件发生了变化，在推进经济体制改革和供给侧结构性改革过程中，也面临着一些不可回避的困难和挑战，经济运行稳中有变、变中有忧，经济下行压力有所加大。

中国经济如同越攀越高的登山者，正是感受到路越来越陡的时候，遇到的是前进中的困难、成长中的烦恼，也唯有克服种种困难才能继续前行，攀登到无限风光的峰顶。我国经济的持续健康发展，恰恰需要在秉持忧患意识的前提下，通过深化经济体制改革和转变发展方式，才能跨越险关隘口，最终化危为机。与此同时，正如防范化解金融风险要筑牢防火墙一样，防范应对实体经济面临的挑战，需要织密织牢民生保障网，为万家灯火守护静好岁月。

一、认识变与忧的相伴相生

近年来，中国经济保持中高速增长，2018年国内生产总值（GDP）达到90万亿元，人均GDP接近1万美元。按照世界银行的分组，人均GDP在3956—12235美元之间为中等偏上收入国家，12235美元以上为高收入国家，这意味着我国已经临近跨入高收入国家行列的门槛。中国即将完成对中等收入阶段的跨越这个事实，并不意味着经验意义上的"中等收入陷阱"不再具有针对性。这个命题在于提示我们，行百里者半九十，一个经济体越是处在更高的经济发展阶段，面临的挑战越是前所未见，因而也愈加严峻。向上向好的变化是必然规律，成长中的烦恼则与这种变化相伴而生，也是不可避免的。

在中国经济发展进入新常态之前，高速增长主要依靠生产要素的积累和重新配置支撑。随着经济发展阶段的变化，以往的增长因素都会逐渐减弱，新的增长动能需要逐渐培育，因而长期潜在增长率趋于下降，转向高质量发展也需要付出更多的努力，因此，中国经济增长从高速转变为中高速也就势所必然。理解这个道理就可以清楚地认识到，中国经济发展基本面并没有变坏，只是在更高的发展水平上必然遇到更大的挑战，一旦成功应对了这些挑战，就能迎来柳暗花明又一村。

在更高的发展阶段上，要素投入型的发展方式必须让位于生产率驱动型的发展方式。世界经济史表明，高速经济增长可以通过要素驱动型发展方式达到，而高质量发展只能来自于生产率驱动型的发展方式。在高速增长阶段，生产率提高的重要源泉是劳动力从农业向非农产业的转移。根据作者的估算，在1978—2015年期间，劳动力转移带来的资源重新配置效率，对中国经济整体劳动生产率的贡献率高达44%。在高质量发展阶段上，提高生产率越来越需要依靠市场主体之间的充分竞争，让生产率表现更优的企业胜出，使缺乏竞争力的企业退出。在这种优胜劣汰的选择过程中，显然不会尽是鸟语花香、闲庭信步。

自2010年成为全球第二大经济体以来，中国的经济总量占世界比重从9.2%迅速提高到2017年的15.2%，也取得了世界第一大工业国、第一大货物贸易国以及第一大外汇储备国等地位，多年来对世界经济增长的贡献率保持在30%左右。随着中国经济在世界经济中的重要性日益提高，既需面对更大的挑战，也无可回避地要承担更多的责任。一方面，中国经济与发达经济体之间仍然保持互补性的同时，竞争性的方面逐渐增多，遭遇来自这些经济体的更多钳制也是意料之中的。另一方面，面对世界经济下行压力加大、经济全球化逆风以及气候变化的不利因素，我国经济运行也会受到更大的干扰。所有这些风险和挑战的存在，都有不以人们的期望为转移的客观必然。

二、促进从危到机的转换

习近平总书记在庆祝改革开放40周年大会的讲话中指出："我们现在所处的，是一个船到中流浪更急、人到半山路更陡的时候，是一个愈进愈难、愈进愈险而又不进则退、非进不可的时候。"中国发展仍处于重要战略机遇期，经济的基本面总体向好、稳中有进，但是，我们仍然要对各种重大风险隐患保持高度警醒。这里所讲的并不是已经来临的危机，而是强调危机意识、忧患意识，意在未雨绸缪，志在有备无患。可见，防范化解重大风险的要求与主动作为的意愿是高度统一的，转危为机也不仅指把出现的危机转化为新的发展机会，更应该是牢固树立危机意识，通过防范化解风险开启新的改革和发展机会窗口，用好面临的重要战略机遇期。

首先，面对经济增长下行趋势，推进经济体制改革的内在动力和紧迫感都进一步增强。在2019年世界经济论坛年会开幕前夕，国际货币基金组织（IMF）在瑞士达沃斯发布了对2019年世界经济预测。IMF修正了2018年10月的预测，把全球经济增长率从3.7%下调到3.5%，对其他主要经济体的预测也相应调低，唯独保持对中国经济增长率的预测不变。对许多发达经济体来说，应对经济增速减缓是被动的，目标是缓解需求侧冲击，使实际增长速度回归潜在增长率。对我国而言，固然也要密切注意宏观经济周期动向，充实和调整政策工具箱，必要时出手稳定经济增长的需求因素，但是，稳定增长速度更是一种主动的作为，立足于通过推进经济体制改革特别是供给侧结构性改革，从供给侧培育新的增长动能，提高潜在增长率。

其次，进一步对外开放，既是应对经济全球化逆风和针对我国贸易摩擦的唯一途径，也是中国在引领全球化中履行大国责任的必然选择。近年来，西方国家越来越多民众发现，经济全球化并没有让他们与跨国公司同样获益，因而产生对国内经济体制和社会政策的严重不满。而西方一些政治家则把这种怨气引向全球化本身，把不能合理进行再分配等自身政策失误，转嫁于包括中国在内的新兴经济体，出于选票的目的大搞民粹主义、贸易保护主义，致使经济全球化遭遇逆风。自2008年世界金融危机发生以来，全球贸易增长始终处于减缓过程中，增速甚至低于显著减慢了的全球经济。正如世界经济的大海不可能退回到一个一个孤立的小湖泊、小河流，在面对针对中国的贸易摩擦以及应对经济全球化的逆风中，我们在战略层面的选择，则是义无反顾地加大开放力度，进一步提高开放水平。

最后，在引导应对气候变化国际合作和防治环境污染行动中，推动生态文明建设，把绿色发展理念付诸行动。从国际角度看，气候变化不仅仅是环境本身的问题，也是包括中国在内的全球经济所面临的重大风险。从国内看，打赢保卫蓝天、碧水和净土的污染防治攻坚战，更是转向高质量发展的当务之急。对我国来说，作为全球生态文明建设的重要参与者、贡献者、引领者，加快转变发展方式，以新发展理念推进绿色发展，既是可持续发展的必由之路，也是不断满足人民日益增长的美好生活需要，实现平衡和充分发展的内在要求。

三、织密织牢民生保障网

面对经济领域的重大风险挑战，以习近平同志为核心的党中央具有高度的政治清醒和深刻的认识判断，以强烈的历史担当和历史责任，直面挑战，通过防范化解重大风险，统筹协调改革开放稳定大局。同时特别强调把社会政策的重点放在兜底上，守住民生底线。党的十八大以来，我国在保障和改善民生方面取得了巨大的成就，短板不断得到补齐，人民群众的获得感、幸福感、安全感显著增强，为防范化解重大风险，社会政策托底奠定了扎实的基础。同时也要看到，无论从以人民为中心的发展思想出发，还是从坚持底线思维，着力防范化解重大风险的实际要求出发，在主动加大改革开放力度以及应对复杂多变的国际经济环境中，保障和改善民生愈显重要，同时面对着新任务和特殊挑战。

首先，我国已经进入全面建成小康社会的冲刺阶段，紧扣我国社会主要矛盾变化，交出一份人民认可、经得起历史检验的民生答卷，是实现第一个一百年奋斗目标的重要标志。按照党的十八大要求，2020 年要在 2010 年 GDP 总量 41.2 万亿元基础上实现翻番。截至 2018 年，以 2010 年不变价计算的 GDP

已经达到73.1万亿元，今后两年只需保持不低于6.2%的年均增速，即可完成翻番任务，即达到以不变价计算的82.5万亿元。相应地，城乡居民人均收入的翻番目标也可以实现。在国力增强和收入增长的基础上，坚决打赢脱贫攻坚战，全方位地保障和改善民生，才能使全面建成小康社会的基础更稳固，把GDP翻番这个抽象数字转化为全体人民共享的成果。

其次，通过保障和改善民生，把增长速度保持在合理区间，维护宏观经济和社会大局稳定。在推进供给侧结构性改革和应对可能出现的宏观经济周期波动的情况下，坚持增进民生福祉和相应的体制机制建设，努力缩小收入分配和基本公共服务差距，对暂时遇到困难的人群给予政策兜底，确保在任何时候民生链条正常运转，不仅是稳定民生的必要之举，还可以通过增加居民收入和解除社会保障方面的后顾之忧，扩大城乡居民消费，有效稳定宏观经济需求因素。在防范化解重大风险的过程中，坚持以保障和改善民生为出发点，就能实现经济发展和民生改善之间的良性循环。

最后，切实落实各项民生措施，抓好精准实施，下大力气解决好人民群众切身利益问题。民生工作从表现形式来看，常常是老百姓身边的琐事和小事，对提高人民的幸福感却是大事，而从中国共产党人的执政理念来说，则是天字号的重要事情，唯此为大。因此，抓民生工作必须全面部署，做好就业、教育、社会保障、医药卫生、食品安全、安全生产、社会治安、住房市场调控等各方面工作。与民生相关的政策措施需要事无巨细、精准到位。保障和改善民生的工作成效，最终评价权在老百姓的心中，让人民拥护、赞成、高兴和答应，是衡量我们一切工作得失的根本标准。

大流行疫情的性质和经济复苏对策

流行性传染疾病造成的经济冲击，与任何经济衰退和金融危机最大的不同之处，在于其不可预测性。因此，我们宁可把新型冠状病毒肺炎（COVID－19）疫情后经济恢复的困难预估更大一些，只有未雨绸缪才能做到有效应对。

一、"灰犀牛"事件、"黑天鹅"事件还是"青蛙"事件?

新冠病毒肺炎暴发并演变为全球大流行，具有多变性和多重性。首先，它符合"灰犀牛"事件的特性。即使不谈20世纪及以前的历史，类似的流行疾病自人类进入21世纪以来已经暴发多起，包括2003年的"非典"、2009年的H1N1病毒、2012年的中东呼吸综合征以及在2013—2014年达到高峰的埃博拉病毒病。早在2018年，比尔·盖茨便警告：世界特别是美国远远没有对下一次疫情大流行做好准备，他预测可能发生的大范围流行疾病会造成三千万以上人口的死亡。

其次，这次疫情也具有"黑天鹅"事件的特性。毕竟，对中国来说，"非典"疫情已经是17年前的事情，其他在世界上流行的疾病皆未波及中国，因而从时间上和空间上给我们设置了障碍，以致从意识上和工作层面，都没有对这次疫情做足准备。

然而，新冠肺炎疫情的发展更具独特之处，在于它不断呈现出人意料的演变过程，以及流行病学和公共卫生学的认识更新不迭。相应地，疫情对经济活动的干扰和对经济复苏的影响，也具有变数多和不确定性强的特点，产生一连串山重水复的变化效应。从这个意义上，"灰犀牛"和"黑天鹅"都不足以充分刻画该疫情的特性。或许，"青蛙"更能说明这种易变性。

青蛙与某些两栖动物在生长发育过程中，会发生显著的形态构造和生活习性的变化，生物学称之为变态发育（metamorphosis）。如青蛙从水中的受精卵到水中的蝌蚪，再到水中的幼蛙演变为陆水两栖的成蛙，形态的建立、生理特性、行为和活动方式以及生态表现均发生了显著变化。此外，许多蛙类还具有变色的特性，也造成扑朔迷离的效果。新冠肺炎疫情固然有其流行病学演变机理，但是它在流行过程中，的确在传染方式、传染性、病死率、治疗有效性、影响对象的群体特点等诸多方面表现出多变性。从这个意义上，可以称之为一种"青蛙"事件。

二、"V"形复苏、"U"形复苏还是"W"形复苏？

在一段时间里，我们曾设想疫情将主要局限在国内。既然疫情传播遵循一个先期迅速上升，到达峰值后开始迅速减少，直到消失这样一个流行病学倒"V"字形曲线，因此，其对经济的影响以及随后的经济恢复，本可以指望遵循一个比前者略微滞后的"V"字形复苏轨迹。总体来说，2003年"非典"就经历了这样的情形，确实呈现出倒"V"字形的流行病学曲线，以及随后的"V"字形经济复苏曲线。

突显传染力强、传播广的新冠肺炎业已逐渐演变为全球疫情，被世卫组织宣布为"大流行病"（pandemic）。在我国疫情控制成效日显，已经进入倒"V"字形曲线后半段尾声的同时，境外感染人数大幅度上升，世界其他地区的新增确诊人数已于2月26日超过中国大陆。从全球来看，疫情的流行病学曲线已经开启第二条倒"V"字形曲线。或者说，全球曲线已经与我国的倒"V"字形曲线相互衔接，形成了一个倒"W"字形趋势。

截至2020年3月17日，全球已经有144个国家和地区发生新冠肺炎感染案例，中国大陆之外的确诊数超过9.9万人。受到疫情影响的包括了全球经济规模最大的前十位国家（美国、中国、日本、德国、英国、法国、印度、意大利、巴西和加拿大）。合计起来，这些经济体占全球经济总量的66.5%、全球制造业增加值的76.5%和全球货物和服务出口总额的46.7%。

并且，这些经济体在对外直接投资中也占有重要位置。其中中国、美国和德国，在全球价值链中具有举足轻重地位。因此，疫情影响正在推动形成全球经济衰退。

世界经济的衰退表现必然以一种"回声效应"冲击中国经济，干扰我国在疫情稳定后经济恢复的进程和效果。可能产生的非"V"字形复苏轨迹包括以下几种。一是中国经济在恢复过程中受到世界经济衰退的影响，预期的"V"字形变成"U"字形，即需要在谷底有较长时间徘徊，甚至可能是"浴缸状"，即在谷底的时间更长。二是可能与疫情的流行病学倒"W"字形相对应，形成"W"字形的经济复苏，即经济活动在回升过程中不断反复。三是全球流行病学曲线需要很长时间才能见顶，世界经济恶化程度难以预料，干扰中国经济复苏。四是如果新冠肺炎成为一个长期流行疾病，则可能相应形成一个与之相联的经济周期——横向的"S"字形，即经济活动定时或不定时发生停摆现象。

三、经济复苏如何适应疫情发展多变性？

新冠肺炎疫情在全世界的蔓延，暴露出世界经济的脆弱性；中国从发现疫情到抗疫过程，也有许多经验和教训值得反思。总体来说，应对疫情及其对经济的不利影响，必须立足长远，从前一时期着眼于防控疫情的阻击战，转向复工复产、稳定就业和收入、保持和修复供应链、促进补偿性消费及至恢复经济景气的持久战。在这个过程中,既要沿用一些逆周期调节的常规宏观经济政策,也要有针对多变性疫情及其经济影响("青蛙"事件)的非常规手段,还要把针对疫情进行的反思即时纳入应对策略之中。

首先,应对供需两侧对宏观经济的冲击。无论是财新采购经理指数(PMI)还是国家统计局发布的1—2月份主要经济运行指标,都显示宏观经济景气进入低迷状态。如果参照美联储使用的"萨姆指数",即观察最近三个月失业率平滑水平,是否比过去11个月的最低点高出0.5个百分点,可以得出同样的判断。2019年12月到2020年2月三个月失业率平滑值为5.6%,已经比2019年4月和5月的5.0%(过去11个月最低点)高出0.5个百分点。因此,宏观经济政策出手是顺理成章的。

然而,鉴于疫情对宏观经济的影响同时来自需求和供给两侧,并且仍在继续发展,以宽松货币和充足流动性为取向的货币政策手段并不对症,需要以财政政策为主。鉴于无论是开工不足还是需求不足,都与防控措施相关的物理性阻碍相关,财政政策的取向更需着眼于精准到位地扶持企业经营、补贴居民收入、促进消费复苏、推动复工复产,从而稳定就业和民生。货币政策为辅并相应跟进,旨在确保上述政策在实施中不会遇到流动性瓶颈。

其次,应对全球金融和大宗产品市场冲击。经济活动就是市场主体根据自己能够获得的信息做出反应。然而,"青蛙"事件带来诸多信息不完善并导致市场信号的不确定性。一般来说,不确定性既表现为平均值的降低（降低增长率）也会表现为方差的扩大（增大波动），因此，恐慌本身也好，市场主体的主动调整也好，都会造成市场动荡。如果进入一个不确定性的恶性循环，恐惧造成的结果还会导致恐惧的升级，金融危机的可能性就会增大。因此，利用中国经济的韧性和活力，最大限度地释放积极、准确和一致性强的政策信息和市场信号，对于保持市场主体的信心，避免非理性市场行为极为重要。

最后，应对疫情及其社会经济影响的多变性。疫情防控阻击战迄今取得的成效，显示出我国体制的共识高和执行力强优势。早期的延误也暴露出一些地方政府忧患意识不强，以及不敢作为和不愿担责的弊端。鉴于此次大流行疫情显现出的初起时隐蔽性、演变中多变性以及走向上不可预测性，政策上需要有一个强有力的纵向指挥和执行体系，信息上需要有一个灵活通达的横向网络和传递通道；在党的集中统一领导和依法治国、依法行政前提下，既要确立中央和地方政府之间的规范且明确的权责关系，也要建立政府和社会之间互为补充的信息渠道以及事务沟通机制。这既是推进国家治理体系和治理能力现代化的任务，也应该在疫情后经济恢复工作中即时体现。

打赢疫情防控战，实现经济社会发展目标

2020年2月3日，习近平总书记主持召开中共中央政治局常委会，会议要求在加强疫情防控的同时，努力保持生产生活平稳有序，继续为实现2020年经济社会发展目标任务而努力。2020年是我国全面建成小康社会的决胜之年、打赢脱贫攻坚战的决战之年，也是实施"十三五"规划的收官之年。努力实现2020年经济社会发展目标具有至关重要意义，也是打赢疫情防控战的题中应有之义。

新型冠状病毒肺炎疫情的发生和严峻化，是一个未曾预料、在很大程度上也是难以预测的不可抗拒性干扰，已经从疾病治疗转入公共卫生领域，从医疗卫生事务转化为全局性的工作，对经济社会发展目标的实现造成不确定性的影响和冲击性的挑战。因此，在我国经济社会发展长期向好基本面和近年来发展实绩的基础上，完成决战决胜之年的各项任务指标，需要采取

更加强有力的措施，做出比常规更大的努力。

　　根据经验，新年伊始第一季度的经济社会发展状况，既是全年发展成效的组成部分，也对全年发展走向具有"指示器"作用，对市场预期具有"风向标"作用。因此，近期疫情对经济社会发展的不利影响，会对实现全年目标造成一定程度的干扰，降低对个别数量指标的预期也无不可。然而，面对不可抗力和不确定性，只要有充分的信心、有效的治理、科学的方法和加倍的努力，整体达到预计的发展成效完全可期。这要求我们坚持稳中求进的工作总基调，在做好疫情防控工作的同时，统筹经济社会发展全局，针对疫情带来的挑战精准施策，尽可能减少损失。紧紧兜住民生底线，努力完成全年经济社会发展目标，同步实现全面建成小康社会的目标。

一、高度重视疫情带来的冲击

　　与发生严重急性呼吸综合征（"非典"）的2003年相比，我国产业结构、发展方式和增长动能都发生了根本性的变化。第一，常住人口城镇化率提高了约20个百分点，农业劳动力比重也大幅度下降，第三产业就业已经显著超过第一产业和第二产业，外出农民工总规模增加了五成，目前已经超过1.7亿人。第二，最终消费对经济增长的贡献率从35.4%提高到57.8%，而资本形成的贡献率从70%下降到31.2%。第三，我国经济已经从高速增长阶段转向高质量发展阶段，现代化经济体系正在加快形成。这种变化既是抗击当前疫情的新优势,也造成更为严峻的冲击因素,为疫情之下保持经济社会发展带来更大挑战。

首先是对居民消费的冲击。2003年"非典"高峰对当年第二季度的消费产生了抑制作用,然而,由于居民在下半年乃至第二年的补偿性消费行为,很大部分需求损失得到弥补,因而全年GDP增长没有受到影响。然而,我国居民消费结构发生了显著的变化,很大部分消费项目具有易受冲击又不会形成补偿性增长的性质。例如,目前居民在交通、通信、教育、文化和娱乐方面的支出已经占到全部消费支出的四分之一,其他类别消费也有较大部分在外出活动中发生。因此,很多受到冲击的消费需求,如住宿、餐饮、旅游、娱乐、客运等,疫情过后可以恢复,而已经损失的部分却无法挽回。

其次是对就业的冲击。从近年的常态来看,每年第一季度新增城镇就业人数占全年总量的比例大约在24%左右。由于疫情造成农民工延期返城、企业开工不足以及新成长经营主体减少等因素,必然会减少新增就业数量,并在短期内相应加剧摩擦性失业现象,相应地在一定程度上抑制农村居民的工资性收入增长。疫情防控的关键在于控制病毒传播,疫情以多快的速度达到拐点、达到拐点时的损失程度多大,取决于限制人员流动的防控措施有效性。因此,防控工作与劳动力到岗产生短期的矛盾现象。

再次是对中小微企业的冲击。中小微企业由于以下原因,承受疫情延续的能力明显偏低。一是用工以农民工为主,大多采取灵活就业方式，工作场所防疫条件较差，因此农民工返城延期和职工到岗率低造成不能开工或开工不足的现象更为普遍；二是订单形式相对不规范，虽然疫情是不可抗力因素，但是对它们来说往往难以维护应有的权益；三是在开工不足情况下无力承受厂房租金、设备闲置的成本和原材料占用等费用开支，更难以继续支付未到岗职工的工资和社会保险缴费。

还有其他诸多因素分别从供给侧和需求侧对我国经济增长造成不利影响。在中美贸易摩擦仍在继续、全球贸易减速的外部环境下，世界卫生组织宣布疫情构成"国际关注突发公共卫生事件"后，主要国家都颁布了限制旅行的规定，甚至有的国家还反应过度，采取禁止中国公民入境等措施，人员的国际交流大幅减少甚至中断，相应影响服务贸易、货物进出口和跨境投资等。此外，疫情发展及企业和产业受到的冲击还影响市场信心，造成金融市场波动。

二、用好长期向好发展的基本面

我国长期向好的经济社会发展基本面没有变，也不会因为突发的冲击性事件而改变，是打赢这场疫情防控战并努力实现发展目标的保障和必胜信心所在。近年来，我国发展新常态以及改革开放的进一步推进，充分展示了长期向好的经济社会发展基本面。我国经济增长速度虽然逐年有所下行，却是与新常态下的潜在增长能力相符的，因此仍然处于合理区间。符合潜在增长率的增长速度同时保持就业比较充分，城镇调查失业率和城镇登记失业率双双稳定在较低的水平。就业充分也得益于第三产业的扩大和相应的新兴行业和新型业态发展，大量新成长市场主体不断涌现，整体经济的就业吸纳能力保持强劲。创新创业的活跃靠的是坚持深化经济体制改革和扩大对外开放。通过设立和扩大自由贸易试验区、进一步缩减市场准入负面清单，以及推动政府简政放权，我国的营商环境在世界排名不断大幅提升。

新型冠状病毒肺炎疫情虽然对经济活动产生负面影响，终究是一次性冲击现象，对生产要素供给和生产率都不产生长期影响，甚至不会造成全年期的影响，不会削弱我国经济的潜在增长能力。同时，疫情在需求方面造成的损失也能够较快得到修复。结合我国经济社会发展截至2019年已经取得的成绩，以及预计2020年受到的影响，我们可以做出判断，疫情造成的暂时性干扰虽然会小幅降低增长速度和其他发展指标，但是总体上不会延迟全面建成小康社会目标的实现。从全面建成小康社会关键的定量要求来看，2020年全面建成小康社会的目标能够如期实现，也是可以得到人民认可、经得起历史检验的。

从实现两个"翻一番"目标来看。党的十八大确立了2020年实现国内生产总值（GDP）总量和城乡居民人均收入比2010年分别增长一倍的目标。2010年我国GDP总量为41.21万亿元，按不变价计算2019年GDP总量达到82.3万亿元，已经接近于翻番。2020年经过努力如果实现5.7%的增长率，便可实现统计意义上的准确达标。至于城乡居民收入翻一番，实现目标的把握则更加充足。2010年我国居民人均可支配收入为12520元，按不变价计算，2019年已经提高到24582元，2020年以1.9%的增长速度即可达到目标。

从决战脱贫攻坚来看。党的十九大提出2020年农村贫困人口全部脱贫的要求，同时把脱贫攻坚定为三大攻坚战之一，迄今已经取得了具有历史意义的成绩。党的十八大以来，全国农村贫困人口累计减少9348万人，也就是说在2012—2019年期间，每年脱贫人数都超过1000万。2020年的任务是实现余下的551万农村贫困人口脱贫，即便考虑到出现局部返贫现象可能加大应对的难度，结合深入实施乡村振兴战略巩固脱贫成果，经过努力这个目标也是能够达到的。

三、努力实现预期目标的着力点

在打赢疫情防控阻击战的同时，坚持做好"六稳"工作，努力把疫情影响限制在季度冲击范围内，避免其演变成对年度经济社会发展的冲击，是实现发展目标的关键。面对突发事件，我们仍需保持科学稳健的宏观政策逆周期调节力度，同时要更充分、灵活、适时地运用宏观政策工具箱中的政策手段，相机决策采取一定的非常规政策手段，实现解决紧迫问题的举措与实现长期任务的政策工具有机结合。

首先，在坚决有效防控疫情的前提下促进职工尽快到岗，特别是帮助农民工安全返城就业,努力保持全年就业充分,不突破5.5%的城镇调查失业率目标。生产要素流动是经济活动的核心。破解当前防控疫情扩散手段与生产要素特别是劳动力流动之间的矛盾,特别需要把市场机制与政府作用创造性地结合起来。一方面,坚持把积极就业政策置于宏观政策层面,以劳动力市场指标引领宏观经济政策力度;另一方面,用足用好失业保险金援企稳岗政策,提供更有针对性、效率更高的公共就业服务,有效衔接劳动力供求双方,提高就业的匹配度,缩短摩擦性失业周期。

其次,以帮助中小微企业恢复生产、渡过难关为重点,综合运用各种政策措施,增强经济的活力、韧性和自我恢复能力。货币政策适度强化逆周期调节力度,金融机构加大支持力度,精准帮助中小微企业解决融资困难。继续实施减税降费政策,在加大为中小微企业减负政策力度的同时,财政还应有特殊的纾困安排。扩大和加快基础设施等工程建设投资,在坚持补短板和优化结构的基础上,最大程度发挥促进中小微企业恢复活力的作用,提高就业扩大的效应。

第三,充分发挥我国超大规模消费市场优势,以促进第三产业尽快恢复发展为抓手,扶持形成新型业态和新消费模式;以稳定居民收入和保障民生为中心,充分挖掘消费潜力。在疫情高峰期受到抑制的消费,有些需求具有可补偿的特点,很大部分疫情过后可以得到弥补;另有一些需求具有可替代的特点,在消费被抑制的情况下,需求会转向替代产品或服务;还有一些需求具有可引导的特点,如与公共健康相关的消费,可以实现超常规增长。通过为第三产业创造良好的创业和营商环境,推动消费市场细分,按照产品和服务特点因应施策,消费需求拉动增长的效应仍将显著。

最后,找准和抓住防控工作同既定发展任务的结合点,着力补足社会发展领域特别是公共卫生领域的短板。疫情发生以来已经显示出,在这些相关领域,除了在资源投入、基础设施、队伍建设等条件方面存在着瓶颈制约外,在管理、监管、响应、管控和处置等机制方面也存在着突出的短板。坚持新发展理念,以实现公共资源的合理配置和基本公共服务普遍共享为突破口,同时在软件和硬件方面补足短板,既是推动国家治理体系和能力现代化的重要任务,也可以形成新的经济增长点,助力实现经济社会发展目标任务。

稳定就业就是稳定经济大局

中国经济面对着诸多重大的挑战,一方面是从高速增长向高质量发展转变的长期性任务,另一方面也要应对中美贸易摩擦产生的周期性冲击,需要统筹运用一系列宏观经济工具。在第十三届全国人民代表大会二次会议上,李克强总理在《政府工作报告》中首次提出,将就业优先政策置于宏观政策层面。这个安排和导向具有十分重要的政策含义,有利于强化各方面重视就业、支持就业的导向。一旦把就业优先政策真正置于宏观政策层面,并且得到体制机制的支撑,在实际政策决策和实施中落实,则标志着就业优先政策以及宏观经济政策升级版的诞生。当前,从"为什么"把就业优先政策置于宏观政策层面,到"如何"把就业优先政策置于宏观政策层面,都还有一些认识要澄清,还有一些机制要完善。

一、判断经济形势的指标难题

长期以来，我们习惯于使用 GDP 年度增长率来判断宏观经济形势。一般来说或者说在常规的经济发展时期，依靠这一指标是恰当的。一个经济体能够以什么样的速度增长，通常取决于生产要素即劳动、资本和其他资源的供给能力以及配置能力，一定发展阶段上的生产要素供给和配置能力，就赋予这个经济体一个相对稳定的潜在增长率。在没有发展阶段变化的情况下，潜在增长率可以就是趋势增长率。具体来说，可以通过比较长期的平均增长率来观察。

因此，观察实际增长率并将其与潜在增长率进行比较，两者之间的差别状况就可以揭示出当前的宏观经济形势。也就是说，如果实际增长率明显低于潜在增长率，以实际增长率与潜在增长率相减，则产生一个负的增长缺口，这时通常会出现失业现象。由此得出的对宏观经济形势的判断，就要求实施宽松的货币政策或（和）扩张性的财政政策。实施这个方向的宏观经济政策，目的在于使实际增长率回到潜在增长率的水平。

例如，20 世纪 90 年代后期的亚洲金融危机和 2008 年的世界金融危机，我们都实施了刺激性的宏观经济政策，都提出"保 8"，就是认为 8% 接近于当时的潜在增长率，或者潜在增长率的下限。例如，从要素供给能力和资源配置效率潜力着眼，我和同事的估计显示，中国经济的潜在增长率在 1979—1995 年期间为年平均 9.7%，在 1997—2010 年期间为 10.4%。低于这个水平的增长率就造成失业现象。所以,在那个时候争取经济增长速度不低于8%,就能够稳定就业因而也就保住了民生。

但是,2010年之后中国经济发生了发展阶段的变化,经济发展新常态的特征之一就是经济增长速度趋于下行。也就是说,发展阶段不同了。特别是,随着15—59岁劳动年龄人口转为负增长,人口抚养比逐年显著提高,劳动力供给、人力资本改善、资本回报率、全要素生产率的提高,都不再能够达到以往(2010年之前)的水平,潜在增长率下降则是自然的、不可避免的。比如说我们的估算就是,潜在增长率从2010年之前的10%下降到"十二五"的7.6%和"十三五"的6.2%。这时,无论遇到什么情况,"保8"都不再是恰当的政策取向。

这也就意味着,在经济发展阶段变化的情况下,做好经济工作,我们遇到了一个现实的技术难题:用什么指标观察和判断宏观经济形势,以何种方法以及分析为依据做出相应的判断。回答这个问题,需要从以人民为中心的发展思想出发,坚持稳中求进的工作总基调和根本方法论,需要遵循宏观经济的一般规律,同时认识和把握这些规律在中国特殊国情下的表现。

二、用什么指标作为宏观政策依据

由此可见,单纯看GDP增长率其实无从判断宏观经济形势。譬如,一般认为美国的潜在增长率是2.4%左右,如果认为甚至大讲美国经济增长率可以达到4%甚至更高,便是贻笑大方了，既不可能做到，真的达到了也只是刺激的结果，不仅难以持续，还会产生通货膨胀、资产泡沫、累积金融风险等副作用。中国的情况更特殊，因为恰是这个时候发生了发展阶段的变化。例如，2018年实际GDP增长率为6.6%，与2012年之前进行比较似乎令人担忧。其实不应该这样比较，而是应该以潜在增长率（譬如大约是6%—6.2%之间）为参照进行比较，因而这个增长速度实际上差强人意。

不过，潜在增长率并不是随时可以统计出来或者计算出来的。通常经济学家使用计量模型对潜在增长率进行估计和预测。然而，关于数值的高低和走向总是存在着不同意见，以致众说纷纭、莫衷一是。比如说，笔者和同事估计的"十三五"期间潜在增长率平均为6.2%，并且认为潜在增长率将趋于继续下降；而有的经济学家则认为潜在增长率仍然高达8%，可以通过加大基础设施投资使实际增长率回归这个水平。面对这种不同观点，究竟应该用什么指标作为判断宏观经济的充分信息呢？

作为宏观经济形势判断的充分信息指标，当属劳动力市场指标，具体来说就是调查失业率。失业分别由三种因素造成，因而失业率也由三个部分构成。第一是结构性失业，因寻职者的技能与岗位需求不相适应造成。第二是摩擦性失业，因信息传递不畅通和市场功能的局限，劳动者与岗位之间的衔接也有时间上的迟滞。由于这两种失业与宏观经济状况没有直接的关系，并且无论何时何地，或多或少总是存在的，因此两者合称自然失业。如果调查失业率处在自然失业水平上，这时的经济增长速度就与潜在增长率一致，就叫作充分就业。值得注意的是，在宏观经济学中，充分就业状态不是指没有失业现象，而是指没有周期性失业现象。第三是周期性失业，如果宏观经济波动造成实际失业率攀升到自然失业水平之上，就出现岗位不足导致劳动力得不到充分利用的情况。

对于失业率是否可以胜任宏观经济指标功能的一个疑虑，是认为失业率是关于经济景气的滞后指标。习惯上，人们根据经济指标可以对经济趋势做出预警的能力及其程度，将其区分为"先行指标""同步指标"和"滞后指标"三类，而通常把失业率列入第三类，即认为它只是经济趋势变化的事后反映。既然不具有事前对经济景气做出预测的功能，失业率自然不适宜作为判断宏观经济的充分信息指标。如果宏观经济政策相关部门持这样的认识，则会在把劳动力市场指标作为宏观经济政策依据方面踌躇不前，会延误就业优先政策置于宏观政策层面的实际操作。不过，从以下三点说明及相关论据，可以帮助消除这样的担心。

首先，当人们对经济指标做出是先行、同步或是滞后的归类的时候，其实更多地是指这些指标对投资者或经纪人等市场人士的含义，而不是其对宏观政策决策者的含义。宏观经济调控部门并不能根据那些带有情绪化和猜测性的"先行"指标做决策，而只能根据被证明为必然发生、正在发生或者已经发生的趋势性指标做决策。如果要追究何以人们把失业率归类为滞后指标的话，可能与20世纪90年代初美国出现"无就业复苏"

现象，即危机或衰退之后，就业恢复越来越滞后于增长恢复这一特点有关。但是，我们讨论的是将其作为宏观经济政策决策依据而非事后的恢复速度。

其次，从宏观决策者的需要出发，劳动力市场指标并不滞后。以失业率对于经济增长趋势的判断来说，经济增长速度一旦低于潜在增长率，就意味着生产要素利用不充分，包括减少对劳动者的雇用和使用，失业率随即上升。企业一旦订单变化并且预测其具有趋势性的话，就会导致做出调整雇用人员数量的决策，即刻便会显示为失业率的变化。很显然，这最恰当反映了宏观经济政策决策所需信息。

最后，春江水暖鸭先知，在现实中从事各类投资活动的金融市场人士，实际上从来就把失业率等指标作为预测性的信息。例如在美国，每个月的第一个周五早上八点半，从劳工部大楼传出来上个月的非农产业就业信息，特别是失业率指标情况，便会在瞬间引起全球市场的相应反应，并且常常是相当剧烈的结果。事实上，很多职业投资者和分析家都承认，因其切身利益和收益所系，在实际市场操作中，他们从来不把失业率作为一个滞后指标。

三、如何认识当前就业形势

国家发布两种失业率指标，分别为城镇登记失业率和城镇调查失业率，后者在稍晚的时期才开始公布。根据笔者的估算，在2000年城镇调查失业率达到最高点即大约为7.6%之后逐年降低。2008年以来在经济增长没有发生周期性变化的同时,调查失业率始终保持在5%左右。自国家统计局发布该指标以来,在2018年1月至2019年3月之间,调查失业率仅在4.9%与5.3%之间浮动,平均值为4.98%。所以总体来说,中国城镇调查失业率近年来基本稳定在5%左右,登记失业率则在4%以下。那么,这样一个失业率水平反映出什么样的劳动力市场状况,其背后的政策含义是什么呢?

根据自然失业率的定义即不受周期性因素影响的失业率,可以得出的分析结论是,中国当前的自然失业率就处在调查失业率在5%左右、登记失业率在4%左右这个水平上。因此,只要城镇调查失业率不超过5%,就意味着没有周期性失业,也说明增长速度符合潜在增长率,经济处于充分就业状态。也就是说,我国当前宏观经济迄今为止没有明显地出现周期性问题。由此可见,即便经济学家和政策决策者没有形成关于中国当前潜在增长率是多少的共识,也可以从城镇失业率处于自然失业水平这个现象,得出经济增长速度并未降到潜在增长率之下的判断。这就是为什么我们尚不需要大水漫灌式的强刺激政策的依据。

从另一个更直接的劳动力市场指标"求人倍率",也可以看到就业强劲的势头。该指标描述的是岗位需求数与求职人数之比,可见只要该指标在1以上则意味着岗位数多于求职人数,劳动力市场比较强劲。从人力资源和社会保障部于2001年第三季度公布该指标以来,求人倍率始终保持向上的趋势,反映了劳动年龄人口增长减速以至 2010 年之后进入负增长的总体劳动力供求关系变化。其间在 2008 年受世界金融危机影响大幅度下降后，于 2010 年之后一直在 1 以上，2019 年第一季度达到 1.28 这个历史最高点。

总体来说，当前劳动力市场上既存在着普遍的劳动力短缺，也不乏结构性和摩擦性就业困难，同时也面临着因国内外各种不确定性因素导致周期性失业的风险。因此，把就业优先政策纳入宏观政策层面，有利于以更加精准的方式，对扩大就业、防范和治理失业、保持宏观经济稳定，以及稳定和改善民生等重要政策目标综合施治、对症下药。

四、政策的着力点和出手时机

把就业优先政策纳入宏观政策层面，既丰富了宏观经济政策工具箱，也使关于宏观经济形势的判断增加了科学的依据。在能够从整体上更加全面把握宏观经济状况和走势的情况下，以劳动力市场信号作为更根本性的考量依据，宏观经济政策可以更加密切地与涉及民生的社会政策联动，也得以获得更强的相机决策能力。

首先，运用积极就业政策应对结构性和摩擦性就业困难。在推动全方位对外开放和深化经济体制改革过程中，各类经营主体将面临更多市场竞争；在供给侧结构性改革过程中，降低债务率、杠杆率任重道远，处置僵尸企业的力度将加大；在转方式、调结构和换动能过程中，提高生产率和竞争能力，企业需要经历创造性破坏的洗礼。伴随所有这些变化，都会造成部分劳动者离开原就业岗位的情况。在找到下一个岗位之前，或者新成长劳动力进入就业市场的时候，他们常常会遇到结构性和摩擦性失业或就业困难。

在那些转型任务重的传统产业集中的地区、逐渐丧失比较优势的行业，以及竞争中受到冲击的企业，职工面临着更大的结构性失业风险。迫切需要从职业教育和技能培训入手，提高劳动者的人力资本，努力缩短自然失业的时间。推动劳动力市场发育，加强劳动法规的执行力，完善劳动力市场制度，有针对性地加强信息发布和岗位中介等公共就业服务。当前，特别要注重应用现代化信息技术手段，提高劳动力市场效率和匹配度。

其次，适时运用宏观经济政策的反周期手段，防范和应对周期性失业。准确判断就业状况，有助于对宏观经济政策方向和力度做出决策。在不存在周期性失业的情况下，则无须出台过于宽松的扩张性宏观经济政策。在应对金融危机时实施强刺激带来的副作用尚未完全消化，以及供给侧结构性改革任务尚未完成的情况下，不适当的刺激政策不啻火上浇油，造成高负债和产能过剩，既导致风险的积累，还可能延误改革。

只有出现周期性失业，才要求宏观经济政策出手。例如，中美贸易摩擦的升级有可能从需求侧给实体经济带来冲击，对宏观经济政策的时机提出要求。预警信号和反应机制就是，一旦城镇调查失业率显著超过5%，就需要运用恰当的货币政策和财政政策手段，从刺激需求的方向进行逆周期调控，使经济增长速度回归潜在增长率，使失业率降回到充分就业水平。同时要完善社会保障制度的托底功能，确保民生链条正常运转。一些特殊困难人群，会被遗漏在宏观经济政策和积极就业政策手段的覆盖之外，需要社会政策未雨绸缪，密织一个牢固的社会安全网络，在关键时刻进行最后的兜底保障。

最后，围绕改善生产要素特别是劳动力供给和配置从而提高潜在增长率诸方面，深化经济体制改革，特别是推进供给侧结构性改革。就业数量扩大和就业质量提高，归根结底取决于经济持续健康增长。实际增长率要与潜在增长率相适应，但是，潜在增长率也不是一成不变的。相关领域的经济体制改革，都具有在供给侧和需求侧促进和稳定经济增长的效果。特别是那些能够创造真金白银和立竿见影改革红利的领域，譬如以农民工落户为核心的户籍制度改革、促进劳动力更充分流动的要素市场发育等，一方面有利于增加生产要素供给和提高配置效率，促进实体经济的发展，另一方面有利于扩大居民消费，增加国内有效需求，应该在改革时间表上得到优先安排，以更紧迫的节奏加快推进。

坚决打好稳定就业的攻坚战

在中央政治局常委会会议研究应对新型冠状病毒肺炎疫情工作时的讲话中，习近平总书记指出："我们仍然要坚持今年经济社会发展目标任务，党中央决策部署的经济社会发展各项工作都要抓好，党中央确定的各项任务目标都要完成。"新冠肺炎疫情暴发和传播，造成人民生命健康的巨大损失，也给2020年我国经济社会发展的开局造成冲击。这次疫情对于国内生产总值（GDP）增长和就业进而对于民生所造成的影响，预计将比2003年的非典型性肺炎以及2008年的国际金融危机更加严重。因此，随着预期的疫情传播拐点日益趋近，我们需要更加关注，如何在打赢疫情防控阻击战的过程中及以后，坚决打好复工复产、稳定就业和保障民生攻坚战，努力实现我国经济社会发展的目标。

近年来，我国城镇登记失业率多处于4%以下，城镇调查失业率保持在5%左右，均稳定在较低的水平，标志着我国就业比较充分。能够取得比较充分就业的成绩单，主要得益于以下几个方面因素。第一，经济增长速度符合潜在增长率，包括劳动力在内的各种生产要素得到了较为充分的利用。第二，服务业、新成长经营主体、新兴业态、新型就业形式等吸纳了大量就业。第三，政府把就业优先政策纳入宏观政策层面，公共就业服务效果明显改善。2020年春节以来，经济活动受到抑制，经济增长速度相应放缓，明显产生对就业的不利影响。稳定全年就业既要着眼于从前两个方面补回损失，也需要政府积极就业政策启动超常规机制。

一、激发产品和要素市场活跃度

作为必要的疫情防控策略，对武汉、湖北其他地区以及全国其他地区，分别实行了程度不同的隔离检疫措施，人员流动相应受到较为严格的控制。人作为生产要素和消费主体，流动性下降必然造成经济活动的大幅度减少。从春节开始，交通、旅游、餐饮、文化等消费便受到了全面的抑制。近年来我国经济增长的构成因素发生了很大变化，从需求"三驾马车"来看，居民消费贡献率超过了40%，从产业构成来看，第三产业贡献率超过了60%。因此，消费受到冲击不可避免地降低同一时期的经济增长速度。由于春节后的劳动力返城、到岗和复工的比率均大大低于往年同期，不利影响进一步扩大到第二产业，对实现全年经济社会发展预期目标带来巨大的挑战。

我国经济发展所处阶段的一个重要特征，是随着人口红利消失，供给侧驱动高速增长的动力减弱，潜在增长率处于下行趋势。同时，受逆全球化暗流、世界经济减速和中美贸易战的不利影响，也在需求侧形成对实际增长率的下行拉力。特别是由于新冠肺炎疫情的冲击，预期2020年经济增长的减速幅度将较大。国内外经济学家根据不同假设做了多种模拟预测，综合起来，2020年中国经济增速比2019年的降低幅度，大致在0.4到0.6个百分点。这就意味着实际增长率可能在5.5%到5.7%之间，新冠肺炎疫情造成的减速将明显大于非典型性肺炎和国际金融危机的影响。

经济增长即便以上述幅度减速，2020年我国实现GDP比2010年翻一番的目标仍可预期实现。同时，城乡居民平均收入的翻一番和农村贫困人口全部脱贫的目标，也是完全可以实现的。当前最需要关注的是，较大幅度的增长减速会干扰2020年就业预期目标的实现，并且，这种影响迄今为止已经显现。就业是民生之本，民生保障则不能有须臾的停顿。因此，争取尽可能好的结果，就要及时开启复工复产、稳定就业和保障民生攻坚战的主战场。

生产要素流动是市场经济条件下经济活动的中枢神经。在我国经济增长高度依靠农民工就业的情况下，劳动力从输出地（如中西部农村）到输入地（如沿海地区城市）的流动，更是启动经济活动的关键。近年来，城镇就业中大约40%为农民工。

每年春节期间农民工大规模返乡后，事后即形成同等规模的返城流。然而，2020年春节后的这个返城流遇到严重的阻碍，没有在同期按相同的规模形成。实际上，大批农民工在输出地滞留，形成劳动力流动受阻和堆积现象。包括大学毕业生在内的各类新成长劳动力不能及时签约和到职，也属于这种就业通路堵塞的现象。

打通这个堵塞亟待在中央统一部署和协调之下，根据各地疫情程度分地区、有差异地确定疫情防控的力度和方式，从全国整体来说，应该有序而迅速地恢复正常的交通、道路、物流以及人员流动，让商品、物资、人员各就其位，使生产经营逐渐进入充分运转模式。进而分类推动产品市场复苏，从消费入手带动第三产业和第二产业就业。一是确保"米袋子""菜篮子"等基本生活品充分供给和价格稳定；二是鼓励新产品和服务领域发展，释放与健康生活相关消费的潜力；三是率先推动线上交易，带动线下交易，促进市场恢复活力；四是适度刺激大宗商品和耐用消费品的购买。

二、促进产业复苏和新业态成长

保持就业要尽快恢复经济活动，促进增长既要加快需求复苏形成拉动力，也要推动生产要素汇聚形成驱动力。一般来说，居民消费是根据稳定性收入及其增长趋势，在家庭预算约束内进行。以往的经验是，突发性事件造成的消费损失可通过冲击后的补偿性消费予以弥补。例如，2003年"非典"扩散高峰导致当年第二季度消费低迷，然而，居民在下半年乃至第二年的消费具有明显的补偿性，实现了超常增长。如今我国消费结构发生了很大的变化，交通、通信、教育、文化和娱乐支出已占到全部消费的四分之一，其他类别消费也有较大部分在外出中进行。疫情发生时这类消费往往首当其冲，虽然之后可以得到恢复，已经造成的损失却无法全部挽回。因此，挖掘消费潜力，还需要关注那些需求具有可替代性和可引导性的领域。为此，从深度和广度上推动第三产业的业态创新至为重要。近年来，互联网和移动网创造出许多新的商业模式和消费平台，同时也促进了快递业的发展，增加了就业岗位。在打好复工复产、稳定就业和保障民生攻坚战过程中，应该更充分发挥这种新模式、新业态的作用。

我国吸纳就业的产业构成已经发生了突出的变化。在第一产业劳动力继续向非农就业转移的同时，第二产业就业人数也开始减少。这就是说，以每个百分点产值增长带动的就业增长百分点来衡量，这两个产业的就业弹性都已经是负数。第三产业是唯一继续保持就业增长因而就业弹性为正数的产业。当前稳定和扩大就业，需要从这个现实出发，一方面努力加快第三产业的恢复，并争取这个产业全年取得超常增长；另一方面挖掘第二产业特别是制造业的增长潜力，通过提高就业弹性最大限度发挥其吸纳就业的作用。

自2004年民工荒现象演变为普遍性的劳动力短缺以来，工资水平上涨迅速，例如，2003—2018年期间农民工实际工资年平均增长率为9.6%。随着劳动力成本优势逐渐丧失，我国制造业发生了两个变化：一是大量处于价值链低端的劳动密集型产业向海外转移，二是广泛应用资本替代劳动的技术，提高了制造业的资本密集度。这导致从2006年以来我国制造业增加值占GDP的比重逐年下降，以及近年来制造业的就业弹性转为负值。第三产业比重提高和制造业升级优化固然是产业结构调整的方向，但是，鉴于我国发展水平和资源禀赋在区域间、产业间的不平衡特征，产业结构也需要具有多样性。在很长时间里，我国制造业都应该在全球价值链从低到高的各个节端占有自己的位置。

因此，稳定制造业比重和扭转制造业就业弹性为负的趋势，本来就是我们在新阶段产业结构调整的题中应有之义。在应对疫情对经济和就业冲击的攻坚战中，应该采取有力的措施朝这个方向努力。针对这次疫情可能导致产业链中断、加速企业外迁，特别是造成一批中小微企业难以为继的情况，政府已经出台一系列超常规的政策扶助措施，旨在减轻企业负担，促进其尽快恢复经营常态。与此同时，还应采取切实措施，把促进复工复产的短期帮扶措施与稳定制造业比重和提高制造业就业弹性的长期目标结合起来，借这次机会从机制上根本破解中小微企业长期面临的融资难、融资贵等发展难题。

近年来我国营商环境显著改善，新成长经营主体如雨后春笋般增加，2019年平均每天新增登记企业达到1.99万个，绝大多数为中小微企业。这种创业活动的高度活跃性，是我国连续七年能够保持每年新增城镇就业超过1300万的重要原因之一。一般来说，每年第一季度新增城镇就业人数占全年总量的比例在24%左右。2020年以来，由于疫情造成人员流动受阻，经济活跃度显著下降，已经产生对全年就业增长的不利影响。因此，进一步简政放权，改善营商环境，同时采取强有力的扶持手段促进大众创业，是把全年就业损失降低到最低程度的关键之举。

三、实施超常规的积极就业政策

在20世纪90年代末应对亚洲金融危机过程中，我国实施了一系列积极应对政策，有效解决了城镇职工下岗失业问题，促进了劳动者的就业和再就业，政府积极就业政策体系从此形成。为了化解2008—2009年全球金融危机对我国经济增长和社会发展的影响，党中央、国务院提出实施更加积极的就业政策，通过"保就业"成功实现了"保增长、保民生、保稳定"的目标。应对这次新冠肺炎疫情对就业的短暂而强烈的冲击，更加积极的就业政策应该包含更多超常规的措施，通过稳定就业更好地保障民生。

首先，坚持把就业优先政策纳入宏观政策层面。这就要求把就业状况作为宏观经济政策方向和力度的依据。城镇调查失业率指标自发布以来，一直保持在5%左右相对稳定的水平。

因此，可以把这个水平看作是就业比较充分的表现。按照定义，充分就业时的失业率就是自然失业率，没有周期性冲击因素；同时也说明经济增长率符合潜在增长能力。疫情对经济活动的冲击会在 2020 年前几个月导致失业率提高，而且，农民工滞留在农村未能及时返城到岗现象在失业统计上不能充分反映，因此，实际未就业和就业不足的程度可能更严重。在按照政府的部署积极推动农民工返城到岗之后，最大限度减小就业损失的着眼点，应该是努力使调查失业率全年不突破 5.5% 的预期目标。

根据 2020 年前两个月失业和就业不足的情况可以判断，劳动力市场已经遭受冲击。2019 年城镇调查失业率在最低的月份（4 月）为 5.0%，如果失业率持续超过最低水平 0.5 个百分点，就意味着宏观经济相对低迷，出现周期性失业现象。由此判断，宏观经济政策应该转向相对扩张或更加积极。货币政策应同时针对供给和需求两侧的冲击，强化逆周期调节力度，金融机构加大支持力度，精准解决中小微企业融资困难。财政政策应在 2019 年的基础上进一步加大减税降费力度，在向中小微企业倾斜减负的同时，财政还应有特殊的纾困安排。工程建设投资在坚持补短板和优化结构的基础上，最大程度促进中小微企业恢复活力，通过乘数效应带动就业。

其次，实施更有针对性、更加精准的公共就业服务。这次就业冲击的特殊之处在于，冲击既来自于投资、消费和出口疲软造成的需求侧，也来自于开工不足甚至局部产业链条断裂的供给侧。因此,需要更加积极拓展公共就业服务的深度和广度,进一步提高政策措施的针对性和精准度。第一是把扩大社会政策托底范围和促进就业的措施有机结合。近年来我国失业保险金形成较大规模的累计结余,在足额给付保险金以及用于稳企援岗的做法之外,还应将其用于支持农民工返城到岗所需的必要补贴。第二是通过培训和岗位中介提高劳动力供需之间的匹配度,以降低摩擦性失业。第三是通过支持企业实行员工储备或者政府履行"最后雇主"的功能,安排暂时没有岗位的劳动力进入培训状态,同时提供公益性岗位作为过渡措施。这样,劳动者在转岗的摩擦期间可以提升技能,降低下一时期遭遇结构性失业冲击的概率。

流行病学曲线决定经济复苏轨迹

经济史上充满了经济衰退、金融危机以及疫情大流行造成的经济灾难，这些事件也成为经济理论和经济政策的长期热门话题，在某种程度上也可以说成为经济学理论创新的孵化器或催生剂。人们习惯于说：千万不要浪费掉一次经济危机。意思是说，由不同起因导致、后果严重程度不一的各种经济衰退和经济危机，终究造成人们不希望看到的或大或小对国家经济和人民生计的伤害，如果不能最大限度地从惨痛经历中汲取教训，这些代价就白白付出了。

从世界范围看，这场新冠肺炎疫情还远远不会完结，因此，我们目前的任务尚不是对之做出总结或者进行反思，而应该从某些角度提出有关问题进行思考，既讨论不同冲击事件之间所具有的共同点（"一样"），也讨论各次冲击之间不尽相同（"不一样"）的地方。

新冠肺炎疫情发展的特点和方向,决定经济复苏的时间、方式、路径和效果。因此需要依据事件发展的进程和顺序,按照宏观政策的类型和手段特点,选择恰当的出台时机。在疫情发生的早期,流行病学倒"V"字形曲线处于峰值前的上升阶段,为了控制疫情大范围传播,最重要的任务莫过于实施严格的防控措施,包括封城、隔离、取消聚集活动等,这时不可避免要减少甚至遏止经济活动。而在疫情发展达到峰值之后,倒"V"字形曲线进入下行阶段,在疫情传播确保可以得到控制的情况下,经济复苏便居于更高的优先序。相应地,宏观经济政策以及其他政策手段也受这个特点的影响,需要选择恰当的时机依次出台,否则不能取得预期的成效。

例如,旨在刺激居民消费特别是鼓励补偿性消费的政策,在社会尚处于隔离状态时就不能产生预期效果;旨在保持必要且充分流动性的货币政策,可能在不同阶段都是需要的,但是应该与每个时点的主要政策目标相适应,而不应成为一个独立的目标;旨在恢复和刺激投资的宏观经济政策,也不能实施于全社会普遍隔离期间及经济活动开始恢复之前;至于保障居民基本生活的社会托底政策,从一开始便不能缺位,应该以各种形式贯穿于疫情发展及其经济冲击的始终。

疫情防控与恢复经济活动都是不得不为的硬要求,必须科学处理两者之间存在的取舍权衡和两难决策。虽然新冠肺炎死亡率低,但是,也正是这个特点使其传播速度快,最终以感染人数巨大而造成生命健康的损失。因此,以全社会动员的方式实行严格防控措施，是不可避免的，也是中国为世界贡献的一个经验，是放之四海而皆准的硬道理。与此同时，在国内疫情得到总体控制的条件下，及早复工复产也是头等大事，同样是颠扑不破的硬道理。然而，两个硬道理之间的确存在着取舍权衡因而两难抉择的关系。

总体来看，新冠肺炎疫情的全球流行病学曲线，没有像中国那样形成一个倒"V"字形轨迹，而是在高点上稳定下来，虽然不再持续攀升，也未能很快下降，预计将是一个较长时间处于顶部的情形，形成一个拉长的倒"U"字形轨迹。实际上，全球新冠肺炎的流行病学曲线既具有倒"U"字形的形状，也显现出明显的倒"W"字形趋势。相应地，包括中国在内的各国经济复苏过程中还可能经历"W"字形的轨迹，甚至，人类很可能将与这个病毒长期打交道，因此，根据中国应对疫情的成功经验和遭遇过的两难处境，可以把这种空间与时间分离的双轨制过渡模型，进一步扩展为时间和空间并行的更新版本，可以在具备必要的检测和收治等条件的情况下酌情实施。

这个版本的模型有以下几个关键步骤。第一，在具备一系列基本条件的情况下，对于敏感人群尽可能做到全面检测，以便分期分批地把检测后的人群分为两组——安全组和风险组。第二，在确保两组人群充分隔绝因而不发生相互交叉的情况下，让安全组人群随即进入复工状态，同时对风险组人群继续隔离并进行连续排查。第三，随着检测和收治的覆盖面越来越大，安全组人数的比重逐步扩大，风险组人数相应缩小，双轨制加快向安全的单轨过渡。通过采取这种过渡办法，防控隔离与复工复产之间的时间差便可以实现最小化。

这次新冠肺炎疫情大流行及其造成对全球的经济冲击，与历史上的疫情大流行、经济衰退和其他危机事件有着诸多的相似性。例如，疫情本身的不确定性和信息的不充分性、政府对形势的判断不及时致使决策失当、当事人推卸责任的"甩锅"举动、事件导致的市场震荡和经济复苏的徘徊踟蹰等，都是经济史上耳熟能详的情景。

同时，此次疫情事件也有诸多独特之处。除了新冠病毒本身演化显现出极端"狡猾"的特点及其造成疫情传播方式的特殊性之外，更重要的是，中国经济在世界经济中已经占有极大的比重，对世界经济的增长贡献独一无二，中国制造业在全球供应链占据了中枢地位，中国经济增长正在进行动能的转换，以及世界处于更高全球化阶段的同时，逆全球化暗流也被推向高潮等，都对中国和世界应对这场经济冲击提出了前所未有的挑战。

此外，这次疫情及经济影响事件的发生及在演变过程中，也暴露出一系列在常态条件下被忽视的问题。例如，公共卫生应急响应体系、全球化条件下国家之间协同合作、紧急物资的储备和调运、制造业供应链的维护与修复等，都在疫情事件中遭到严峻的挑战。正因为如此，经济学家需要进行更深刻的思考，以便提出对解决所面临各种困境的对策建议，同时能够未雨绸缪预见将来。

从"K"字形复苏看社会政策的重要性

在探讨新冠肺炎疫情对我国经济和民生影响时,我曾经总结了一些国际经验和教训,概括了与经济冲击事件相关的若干"特征化事实",其中一条是:疫情面前并非人人平等。说的是不同国家以及一个国家内部不同行业、岗位和收入水平的人群,对于疫情冲击的抵抗能力是不一样的,很显然,穷国和低收入人群具有更突出的脆弱性。

如今这个判断在美国这样的富裕国家再次被不幸言中。例如,在全美国仍然处于疫情水深火热之中,经济整体陷入百年不遇的衰退,以及出现大规模失业的情况下,很多科技巨头、跨国公司以及华尔街的金融机构,反而挣得盆满钵满,股市也靠着诸如脸书、亚马逊、苹果、奈飞和谷歌的母公司字母表这样的高科技公司推动而居高不下。据国外媒体报道,在2020年3月18日至9月15日期间,美国643位最富有的人的净资产总额在2.95万亿美元的基础上增长了29％。许多经济学家由此得出判断，在复苏之前已经出现"K"字形复苏趋势。

我国疫情后的复苏特别着眼于对中小微企业和居民就业给予精准扶持，在疫情得到控制之后便及时转向推动复工复产，尽快实现了复商复市，取得了抗疫和复苏的优异成绩。然而，我国经济尚未得到完全的恢复，也存在着疫情后复苏的不平衡现象。最近有报道称，截至2020年8月28日，财富超过20亿元的企业家人数比2019年增加32％。胡润榜上的企业家总财富较2019年增长54％。胡润表示："疫情对中国经济和企业家的影响并没有想象的那么严重。"他认为中国呈现出"V"字形复苏，这是不争的事实。如果说2020年全世界有一个经济体最接近于"V"字形复苏，那无疑就是中国。但是，如果像胡润这样仅从富人榜观察到的"V"字形，那其实只是"K"字形的上半截，而下半截则可能出现一个倒"V"字形。至少，不应忽视我国仍然面临着一系列艰巨的任务，如如何使众多中小微企业复工复产、农民工返城就业、低收入家庭恢复消费，等等。

国际上经济学家和投资者在判断和猜测新冠肺炎疫情后的复苏轨迹时，曾经借用过各种各样的大写英文字母，例如"V"字形复苏、"U"字形复苏、"W"字形复苏、"L"字形复苏等，最终在"K"字形复苏上取得了比较多的共识。显而易见，人们普遍观察到"K"字形复苏现象，并且给予这种现象较大关注，是有充分理由的，我们也可以从中获得几点有益的启示。

首先，"K"字形复苏是一种带有规律性的现象，既不是偶然发生的，甚至也不是什么崭新的现象。实际上，从世界经济史的角度来看，我们既可以说"K"字形复苏，也可以说"K"字形衰退，还可以说"K"字形繁荣。因股市房市等资产投机而催发的经济泡沫，就是一种典型的"K"字形繁荣现象。在富人和投机者从中获利的同时，普通人归根结底不能分享这种"繁荣"的好处。然而，一旦泡沫破灭，普通劳动者和低收入家庭却首当其冲。此外，在一般的高速增长时期或经济繁荣期，市场竞争也常常导致两极化结果，从我们熟知的《林家铺子》式的"大鱼吃小鱼，小鱼吃虾米"逻辑，到如今高科技领域形成的"赢者通吃"（winner takes all）现象，都显示了一个道理，被"吃掉"的小鱼和虾米自不必说，所有竞争中的"输家"企业，都会给社会带来失业和致贫现象，造成对劳动者及其家庭的连带损害。

其次，市场本身从来没有也不能产生所谓的"涓流效应"。也就是说，当大企业赢得竞争和企业家因此致富的时候，集中起来的财富并不能自然而然滴流到普通企业和低收入群体中间。固然，在一个主要靠创新和生产率提高来驱动的经济发展条件下，形成一个"创造性破坏"的环境是必要的，非此不能鼓励那些生产率不断提高的创新企业，并因此淘汰掉那些生产率停滞不前的无效企业。但是，这种环境的形成和良好发挥作用，必须以社会政策托底为保障。

换句话说，创新发展需要通过充分的竞争实现优胜劣汰，但是，对于在竞争中失败了的企业的职工，必须通过社会政策的兜底,使每一个社会成员都得以保持符合社会标准的生活水平,享受必要的基本公共服务。缺乏这种制度安排,不仅会为市场主体提供规避竞争的借口,还会造成不利于民生稳定改善的后果。而一旦有了社会政策托底这个必要的保障网,创造性破坏的机制便可以获得放心大胆的采用。观察经济合作与发展组织国家可以发现,在社会支出占GDP比例高的国家,劳动生产率往往也更高。这就证明了公平与效率之间并不必然存在非此即彼或者此消彼长的关系。

最后,我国正处于应该显著加大再分配力度、提高基本公共服务均等化水平的发展阶段。我国居民广泛分享改革开放发展的成果,曾经历经两个阶段。第一个阶段是在劳动力无限供给的条件下,通过农业劳动力转移和就业扩大实现,由于劳动参与率大幅度提高,经济总量的增长通过工资性收入的增长为城乡居民所分享。第二个阶段是在劳动力普遍出现短缺的条件下,普通劳动者的工资水平持续提高,社会保护和收入分配都得到了改善。这两个阶段的共同特点是,在劳动力市场机制作用下,通过初次分配使普通劳动者分享发展成果。但是,仅仅依靠劳动力市场改善收入分配的功能,既存在着局限性,还具有效应递减的趋势。

按照预期的经济增长速度,我国将在"十四五"期间成为世界银行定义的高收入国家,即跨过12000美元这个从中等收入阶段到高收入阶段的门槛。国际比较表明,以0.4这一基尼系数水平作为分界线,高收入国家的收入分配状况明显好于中等收入国家,即在多数情况下,前者的基尼系数显著低于这个水平,后者通常高于这个水平。经验表明,伴随着进入高收入国家行列,收入分配从不均等到更加均等的变化,并没有其他什么诀窍,原因完全在于政府实施更大力度的再分配。例如,在经济合作与发展组织国家,以税收和转移支付为主要形式的再分配,把相关国家的基尼系数水平平均降低了35%。

既然疫情后客观上存在着"K"字形复苏的倾向,利用这个时机加大再分配力度、切实改善收入分配状况,可以获得一石三鸟的效果。除了防止疫情后"K"字形复苏和开启"十四五"再分配模式这两个效果之外,在我国经济整体率先复苏的同时,也面临着第三产业复苏滞后于第二产业、需求侧复苏滞后于供给侧、农民工就业恢复滞后于经济增长等问题。因此,打通就业、收入增长和收入分配的阻点,通过扩大居民消费加大需求拉动力,对于加快复苏节奏、提高复苏效果具有立竿见影的意义。

发挥超大规模市场优势
实现经济社会发展目标

习近平总书记在出席统筹推进新冠肺炎疫情防控和经济社会发展工作部署会议的重要讲话中指出:"把我国发展的巨大潜力和强大动能充分释放出来,就能够实现今年经济社会发展目标任务。"2019年12月召开的中央经济工作会议指出,超大规模的市场优势和内需潜力是我国经济稳中向好、长期向好基本趋势的优势保障之一。在打赢疫情防控阻击战的同时打好复工复产、稳定就业和保障民生攻坚战,实现我国经济社会发展的目标,需要充分发挥超大规模市场优势,通过恢复和扩大消费需求挖掘经济增长潜力。

一、应对新冠肺炎疫情对我国经济冲击

从国内外发展的常态环境来看,我国目前所处的发展阶段

面临着多重挑战，既有来自供给侧的传统经济增长动力减弱、潜在增长率降低的压力，也受到逆全球化暗流、世界经济减速和中美贸易战的不利影响，在需求侧形成对实际增长率的下行拉力。2020年春节以来，为保障人民生命安全实施的防控新冠肺炎疫情传播的措施后，人员流动大幅度下降，经济活动受到抑制，复工复产进度也低于往年同期。因此，经济学家进行了各种模拟预测，一般判断新冠肺炎疫情对我国经济造成的减速冲击，将大于非典型性肺炎和国际金融危机的影响。

由于实施了有力的救治和防控措施，疫情得到有效遏制并逐日转好。国家也出台了一系列促进复工复产、帮扶中小企业渡过难关、恢复经济活动的政策举措。总体来看，疫情对我国经济的影响是局部性和暂时性的。从全年来看，我们可以有信心实现国内生产总值（GDP）和城乡居民收入在2010年基础上翻一番，以及实现全部农村贫困人口脱贫的目标。

同时，我们也要充分认识应对疫情对经济不利影响这一任务的严峻性。首先，由于2020年前两个月经济景气明显低于往年同期，在后来的时间里挽回已有的损失，取得尽可能好的全年结果需要付出更大的努力。其次，2020年是重要且具有标志性的一年，是全面建成小康社会的决胜之年、打赢脱贫攻坚战的决战之年，以及完成好"十三五"规划各项任务的收官之年，关系到全面开启社会主义现代化建设新征程的开端格局。第三，疫情的干扰虽然是暂时的，但是民生不可有须臾的停顿，因此，恢复经济活力时不我待，需要以只争朝夕的速度推动。

此次疫情给经济社会发展带来的不利影响，具有一些不同于以往经济波动的特点，可以说是一种非典型、非传统冲击的类型。一般来说，最常见的宏观经济波动是需求侧冲击（如金融危机），也有少量情形来自于供给侧冲击（如灾害和能源短缺冲击）。冲击也可以分为内部生成型和外部冲击型。这次疫情对我国经济增速的影响同时来自三个方面：一是消费受到抑制，属于需求侧冲击；二是开工复产受到阻碍，属于供给侧冲击；三是因要素流动受阻和部分供应链暂时性中断的外部冲击，又由于新冠肺炎疫情在其他国家蔓延，经济冲击在中国与世界经济之间产生相互强化的效应。针对这种特殊挑战，既有的政策工具要良好组合、协同创新运用。发挥我国超大规模消费市场优势和挖掘消费需求潜力的举措，在诸种政策组合中居于中心的地位。

二、如何认识"超大规模消费市场"？

经济增长既需要供给侧的驱动力，如劳动力、人力资本、物质资本等生产要素供给和生产率的提高，这类因素在经济学中通常用生产函数表达和度量；也需要需求侧的拉动力，如净出口、资本形成（投资）和最终消费（包括政府消费和居民消费），这些因素在经济学中通常用国民经济恒等式表达和度量。我国经济从高速增长向高质量发展的转变，目标是保持经济的长期可持续增长，不仅经济增长动能需要从依靠生产要素投入转向依靠生产率提高，经济增长拉动力也需要从依靠外需和投资扩张转向更多依靠居民消费扩大。

经济增长需求拉动方式的转变是一个艰巨的任务。一方面，长期以来投资在需求拉动中占据主导地位，经济快速增长也总是伴随着高投资率。例如，在过去 20 年中，资本形成对 GDP 增长的贡献率超过 50% 是一种常态，并且 GDP 增长率与资本形成贡献率高度正相关。另一方面，扩大投资常常被用来作为遭遇经济冲击（如出口下降）时的替代需求因素。例如，过去 20 年 GDP 增长的需求因素中，资本形成贡献与净出口贡献呈现出显著的负相关关系。

看到任务和挑战艰巨性的同时，也应该看到在启动内需特别是消费需求方面，我国也有特有的优势。超大规模的市场优势和内需潜力，既是我国经济长期向好基本面的优势保障，也是化解疫情带来的经济冲击的制胜法宝。可以从几个方面认识我国超大规模市场优势和消费需求的现状、趋势和潜力。

首先，从国际比较看我国消费规模的超大特点。按照世界银行统计，2018 年最终消费总额全球为 62.6 万亿美元，中国为 7.3 万亿美元，占全球总额的 11.6%。按照世界银行的收入分组，中国自 2010 年就进入中等偏上收入国家行列，中国的最终消费规模在这组国家中占比高达 46.9%。虽然就人均收入水平和人均消费水平来说，中国与发达国家相比都还有较大的差距，但是，由于中国人口规模和经济规模庞大，最终消费总额已经相当于欧元区国家加总水平的 71.8%。

其次，更重要的是，中国消费规模仍保持着持续增长的趋势，具有巨大的潜力和充沛的后劲。2008—2018年期间，中国的最终消费总额年均增长率高达8.5%，远远高于世界平均水平（2.3%）、其他中等偏上收入国家平均水平（2.3%）以及欧元区国家平均水平（0.7%），并且保持着消费增长快于GDP增长的势头。这种消费增长领先于经济增长的趋势是在过去十年中形成的。从最终消费增长率与GDP增长率之比来看，1998—2008年期间为0.903，2008—2018年期间提高到了1.072。随着新发展理念的进一步贯彻实施，预计这个领先趋势将保持下去。

第三，上述事实也标志着我国经济增长贡献因素的构成发生了重要的变化。在拉动经济增长的需求"三驾马车"（净出口、投资和消费）因素中，最终消费对GDP增长的贡献率，2018年达到76.2%。在最终消费构成中，城乡居民消费占到70.0%，与2008年的44.2%相比提高幅度巨大，十年间平均每年提高3.2个百分点。

把超大规模消费市场潜力转化为现实的经济增长拉动力，需要从前者的三个主要构成因素着眼和着力。第一是人口因素，既取决于人口规模，也取决于人口参与经济活动的程度。在正常情况下，需着眼于最大限度提高适龄人口的劳动参与率即扩大就业，在应对疫情冲击时，则要尽快让劳动者和创业者各就其位，恢复经济活动。第二是收入因素，既包括居民收入水平，也包括消费倾向。在正常情况下，促进经济增长和改善收入分配有助于形成大规模消费能力，在应对疫情冲击时，则需要进行特别的收入扶助和消费引导。第三是供给因素，包括产出数量和供给品种，在正常情况下，应该着眼于服务业在深度和广度上的发展，在应对疫情冲击时，则要尽快推动服务业复苏，特别是借助互联网时代的新平台、新模式，形成超常规的商业便利性。

三、充分挖掘消费需求潜力的着力点

鉴于第三产业和居民消费已经成为我国经济增长的主要贡献因素，也是遭受疫情冲击最严重的领域，在疫情防控过程中及之后，促进第三产业复工复产和激发居民消费活力，便成为恢复经济活动、稳定就业和保障民生的切入口。在促进居民消费活动逐渐回归正常的同时，有以下三个方面的特殊消费潜力值得关注，通过市场细分策略予以充分挖掘。

第一是可补偿性消费。通常，冲击性事件对正常消费产生的抑制得到解除后，消费者从实际需要和心理因素两方面产生一种补偿性消费倾向。这时，消费者对于那些需求弹性大因而也是消费受到最明显抑制的商品，会产生超常规的购买需求。在疫情防控过程中消费减少的一些家庭用品，特别是相对高端并且不适宜于线上购买的品牌商品，譬如高级化妆品等即属于此类。最近一些消费意向调查显示，消费者特别是年轻消费者对这种补偿性消费已经在跃跃欲试。

第二是可替代性消费。在某些商品或服务的需求不能得到满足的情况下，那些具有相同效用或者相似消费偏好的其他商品或服务，可以成为替代消费的对象。受疫情影响最大并且恢复起来难度较大的聚集性、体验式消费，如旅游、影剧院、群体性消费等，便可以转向更加私密性且具有类似效用的其他消费项目或采用不同的消费模式。例如，传统的组团式和以景点为目标的旅游项目，不仅可以为更加个体化和分散化的休闲式、知识性旅游项目所替代，而且可能形成旅游业的新增长点。

第三是可引导性消费。这主要是指随着消费理念的变化，消费者偏好可以在一定时期内得到培养的消费内容。诸如新冠肺炎疫情这类持续时间较长、付出生命和健康代价较大的公共卫生事件，在科学合理的引导下，会诱发出与健康生活相关的新型消费需求。例如，对于保健类产品、体育健身活动、改善家居卫生和环境的装修、心理疏导性的活动，以及更加私密性的交通工具等需求，都可以形成新的消费热点。

从上述方面挖掘额外的消费需求潜力，需要市场机制与政府职能的协调作用。公共卫生事件对经济增长造成损失的情形，造成一种重大的负外部性，意味着市场出现了暂时性的失灵。这时，加快修复乃至补偿已有的损失，需要政府更好发挥作用。这包括对低收入者和受冲击者进行补贴，增强其消费能力和消费信心；对第三产业特别是中小企业给予特殊的援助和扶持，从供需两方面做好准备，迎接预期的消费高潮。同时，鼓励和引导消费服务业创新经营模式,特别是围绕电子商务新业态、社区服务业等领域加强创新发展,以线上消费带动线下消费,促进从潜在消费倾向到现实消费活动的转化。

"六稳"到"六保"的民生主线

习近平总书记在参加十三届全国人大三次会议内蒙古代表团审议时强调，必须把为民造福作为最重要的政绩。我们推动经济社会发展，归根到底是为了不断满足人民群众对美好生活的需要。李克强总理所作《政府工作报告》指出，加大"六稳"工作力度，保居民就业、保基本民生、保市场主体、保粮食能源安全、保产业链供应链稳定、保基层运转，坚定实施扩大内需战略，维护经济发展和社会稳定大局，确保完成决战决胜脱贫攻坚目标任务，全面建成小康社会。这一经济工作部署中贯穿着为民造福的民生主线。把"六保"作为"六稳"工作的着力点，以保促稳、稳中求进，体现了统筹推进疫情防控和经济社会发展工作的辩证方法论和基本逻辑。

一、以保障民生作为政策目标

新冠肺炎疫情是新中国成立以来,在我国发生的传播速度最快、感染范围最广、防控难度最大的一次重大突发公共卫生事件,对经济社会和民生也带来特殊的冲击。一个重要特点是疫情同时从供给和需求两端对经济活动和民生造成冲击。在疫情发展的早期,应对的重点是积极防控,阻断其传播渠道,避免对人民生命和健康造成损失。因此,在那个阶段上,采取了封城、人群隔离和保持社交距离等一系列防控措施,致使聚集性和非必要消费的大幅度减少,弹性较大的消费活动受到抑制,产生对经济增长的需求端冲击。与此同时,部分行业停工停产造成很大程度的经济活动停摆,从供给端对经济增长产生冲击。

在疫情总体得到控制,开始有序复工复产和复业复市的时候,前期的经济冲击呈现出滞后的负面效应。由于就业一度中止和就业恢复不充分,居民收入严重缩减,消费的恢复也遭到阻碍。例如,第一季度城镇可支配收入累计下降3.9%,消费支出累计萎缩幅度高达13.5%。此外,由于部分供应链一度中断,恢复起来需要时间,加上疫情转变为全球大流行,全球供应链的断裂给我国产业的需求带来巨大的困难。在制造业采购经理指数的构成因素中,出口新订单指数在2月份下降到28.7%,3月份一度恢复到46.4%,而在全球疫情恶化的情况下,4月份再次降低到33.5%,5月份继续处于35.3%的低点。

虽然 4 月份的出口增长表现比较强劲，但主要是执行此前延误交货的订单、汇率变化以及包括口罩在内的纺织品等因素带来的，并不表明出口已经持续恢复。

由此可见，疫情防控取得成效之后的经济恢复并不会是一帆风顺的。国内外一些经济学家都在尝试做出判断疫情之后的经济复苏轨迹，究竟会是"V"字形、"U"字形、"L"字形、"W"字形还是"I"字形，或者是否会产生更具体的变形，如耐克公司图标的"√"字形状等。实际上，由于经济冲击是由于新冠肺炎疫情造成的，经济复苏轨迹的形状，归根结底取决于新冠肺炎疫情发展本身的流行病学曲线的形状。我国疫情在较短时间内经历了倒"V"字形发展之后，防控工作取得了决定性的成效，本来可以相应期待"V"字形或者"U"字形复苏。但是，全球疫情大流行的流行病学曲线对我国经济复苏构成了制约。迄今为止，这个曲线的变化趋势曲折起伏，呈现出多齿状的倒"W"字形变化，尚未到达峰值。由此，我国经济增长的复苏需要把疫情防控常态化作为前提，这也是《政府工作报告》没有为 2020 年经济增速给出具体指标的原因。

然而，基本民生须臾不可停顿，保障民生的目标任务也就不能有丝毫的延误和搁置。因此，"六保"中明确提出保基本民生的要求，而且其他方面的要求也都是围绕达到这个目标而部署。例如，粮食能源安全和基层运转本身就是民生的内涵，居民就业是民生之本，而保市场主体并使其恢复正常运行、保产业链供应链稳定都是应对疫情冲击具有针对性的关键环节和促进就业的着力点。以民生为主线实现"六保",经济增长区间也就是适当、合意的。

二、聚焦特殊困难和特困人群

经济史上发生的各种类型经济衰退或者金融危机等事件,反映了经济体系内部的一些弊端和矛盾,因此,遭受冲击的过程在一定程度也是创造性破坏的过程,往往需要容忍甚至希望取得除弊革新的效果。然而,新冠肺炎疫情导致的经济社会冲击完全是外生的,经济体系内的市场主体不应承担创造性破坏的损失。与此同时,疫情带来的冲击也具有累退的性质,即对工资收入者、灵活就业人员和低收入家庭的伤害更大。在应对疫情冲击、保基本民生工作中,瞄准和聚焦那些易于受到冲击的群体,符合效率与公平相统一的原则,是取得成效的关键所在。

李克强总理在两会闭幕后的记者会上指出一个事实,在全国人均年收入3万元人民币的情况下,仍有6亿人每个月的收入也就1000元。这个收入水平在一个中等城市可能租房都困难,现在又碰到疫情,因此他强调疫情过后民生为要。从2019年的居民可支配收入来看,全国城乡平均水平为30733元,折算成月收入仅为2561元,而占家庭总数20%的低收入家庭平均不到600元,20%处于中间偏下收入水平的家庭平均也仅为1300余元。由于低收入家庭通常规模较大,所以,占全部城乡家庭总数40%的这两个收入组，人口数超过全国的40%，大体上就是李克强总理所说的约6亿人。

虽然从国际比较来看我国居民储蓄率较高，但是，一般来说越是处于较低的收入组，消费支出的刚性越强，储蓄能力越低。也就是说，低收入群体抵御疫情对基本生计冲击的能力较弱。在疫情发展的早期，居民收入虽然减少，由于在非必需消费方面有所缩减，可以继续保持家庭收支平衡，但是，如果家庭收入不能得到及时恢复，则会影响到必需品的支出。特别是那些储蓄不足的低收入家庭，基本生活会受到较大的冲击。因此，应对疫情冲击的政策着眼于保障民生，特别聚焦低收入家庭和特殊困难群体，就抓住了"六保"的关键环节。《政府工作报告》特别强调要确保完成决战决胜脱贫攻坚目标任务，将其作为全面建成小康社会的最核心目标和2020年不变的硬任务，体现了保基本民生在疫情防控和经济社会发展中的重要位置。

以打赢脱贫攻坚战、纾困救助低收入群体和受疫情影响的困难群众为重点，既符合保障基本民生的目标，相应的政策措施也具有促进经济复苏的效果，助力全体居民跨入全面小康社会。首先，低收入家庭的边际消费倾向较高，通常会把较大部分甚至全部就业收入或救助收入用于必需品消费，带动消费需求的效果十分明显。其次，着眼于困难群体的纾困和救助政策，也会产生积极的溢出效应，直接或间接地惠及中等偏下和中等收入群体，有利于整体提高居民收入。以2010年不变价格计算的居民可支配收入，2019年已达24582元，通过脱贫攻坚和实施各种保基本民生措施,2020年只需以超过1.9%的增速,即可实现比2010年翻一番的目标。

三、就业是保障民生的着力点

在应对疫情冲击和促进复工复产、复市复业的进程中,恢复和扩大就业处于逻辑链条的关键点。由于疫情的影响,2020年第一季度城镇新增就业仅为往年同期的约70%,城镇调查失业率也从2018年1月公布以来至2019年底的5%左右,提高到2020年2—4月6%左右的水平。由于跨地区流动就业和劳动关系相对不稳定等原因,疫情对农民工就业的冲击最为强烈。2019年离开户籍所在乡镇外出务工的农民工已经高达1.74亿人,占城镇就业的比重约40%。这个群体失业率提高和就业不足,显著减少占农户可支配收入41.1%的工资性收入,抑制消费增长,不利于内需扩大和经济复苏。

相应地,迅速恢复充分就业可以使居民收入回到增长的轨道上,居民消费得以复苏和扩大,以国内消费需求的拉动力促进供应链的修复,并推动经济增长回归潜在增长率。我国城镇调查失业率指标自发布以来,2018年1月至2019年12月的平均值为5.04%,标准差为0.15。因此,5%左右可以被看作是充分就业水平的失业率。2020年前4个月失业率的平均值为5.85%,标准差为0.27。这个超过充分就业状态的失业水平,属于周期性失业现象。按照宏观经济学原理,经济增长速度回归潜在增长率,就可以消除周期性失业现象。

然而,根据这次疫情冲击的特点,就业恢复不能等待经济复苏,反而应该是经济复苏的逻辑起点和发动环节。疫情发生以后,国家出台力度足够大的各种政策措施,都与这个逻辑相符,且不同于传统的一揽子刺激方案,而是以纾困和救助为核心的政策组合。只有在就业恢复的基础上,居民收入回到正常增长轨道,消费才能充分启动,进而发挥内需拉动作用,推动经济增长速度回归潜在增长率。此外,疫情本身是一个外部冲击,造成巨大的负外部性因而导致一定程度的市场失灵。因此,疫情后就业的恢复与稳定,更需要政府以有形之手来推动。

要达到《政府工作报告》提出的"城镇新增就业900万人以上,城镇调查失业率6%左右"全年就业目标,需要在以下方面有超常力度的政策推动。首先,恢复并保持新创企业增长速度,进一步改善营商环境,为多种所有制、多种业态、多种经营模式和多样化就业形式创造更好条件。其次,针对不同失业因素综合全面施策,扩大公共就业服务范围,提升政府稳企援岗措施实施效率,减少结构性失业和摩擦性失业,通过社会政策托底民生,恢复和扩大消费需求,降低周期性失业率。第三,加大人力资本培养力度,扩大高中、高职和高校招生规模,提供技能培训以及创造培训型公益岗位等,抵消劳动力市场失灵的消极效应,也为迎接新科技革命做好准备。

关于疫情经济影响和应对建议

面对新冠肺炎疫情我们需要打好前后无缝衔接的两大战役，前半段是疫情防控阻击战，后半段是实现经济社会发展目标的攻坚战。随着预期的疫情传播拐点日益趋近，我们需要更加关注的任务是，如何在打赢疫情防控阻击战的过程中及以后，坚决打好复工复产、做好"六稳"和保障民生攻坚战，努力实现我国经济社会发展的目标。打好后一攻坚战，需要对这次疫情的经济影响性质和程度做出判断，才能对症下药取得良好成效。

一、对于疫情经济影响的判断

第一，本次疫情造成增长率损失大于"非典"和金融危机。2003年我国经济增速没有受到"非典"影响，实现了10%的增长率，比上年增长率还提高了0.9个百分点，或者说增长率的提高幅度为35.9%。这一年，世界经济未受到中国"非典"疫情的影响。

2008—2009年的国际金融危机对我国经济增速的影响有限，2009年我国GDP增长率仅比上年下降0.25个百分点。由于当时增长率的基数大，例如2008年是9.7%，因此增长率的下降幅度仅为2.6%。这一年世界经济增长率则从上年的1.85%变为−1.68%，与2007年的4.32%相比降幅更大。

由于目前我国居民消费对GDP增长的贡献已经超过40%，第三产业对GDP增长的贡献超过60%，而疫情防控对消费和服务业影响最大，因此预计疫情造成的损失将远超前两次冲击事件。目前国内外有各种对于2020年GDP增长率的预测，其中5.6%是相对集中的估计值，也就是比上年减速0.5个百分点，增长率的下降幅度为8.2%。同时，预计世界经济将经历大体相同的减速。

第二，疫情对我国经济的冲击属于非典型、非传统冲击。一般来说，最常见的宏观经济波动是需求侧冲击（如金融危机），也有少量情形来自于供给侧冲击（如灾害和石油冲击）。冲击也可以分为内部型和外部型。这次疫情对我国经济增速影响同时来自三个因素：一是消费受到抑制，属于需求侧冲击因素；二是开工受到阻碍，属于供给侧冲击；三是因与国外的要素流动中断和部分供应链遭到破坏，与世界经济相互影响，陷入负反馈恶性循环。因此，这种多因交织型的经济冲击，不应用常规经验来判断，采用常规单一手段也不足以应对。

第三，城镇调查失业率显示我国宏观经济进入景气低位。城镇调查失业率指标发布以来，过去24个月的平均值为5.04%，标准差0.15。可以说5%左右是自然失业率水平，主要是摩擦性失业和结构性失业。因此，超过5%即意味着出现周期性失业，超过较多的话则意味着宏观经济处于景气低位。

美联储采用一个"萨姆规则"进行判断：如果最近三个月平滑的失业率水平比过去11个月中最低点超出0.5个百分点，意味着经济陷入"衰退"（recession）。我国城镇调查失业率过去11个月的最低点为2019年的4月和5月，均为5.0%，12月份为5.2%。因此，如果2020年失业率前两个月都超过5.6%，或者前三个月都达到5.5%的话，平滑失业率就超过5.5%，就比2019年4月和5月高出了0.5个百分点，就意味着达到萨姆标准，宏观经济进入景气低位。

二、应对疫情经济影响的建议

我国经济长期向好的基本面没有变，既是我们全年努力实现经济社会发展目标的根本保障，也是短期内恢复经济活动的重要依托。虽然预计经济冲击是暂时的、短期的，但是就业和民生不可须臾停顿。2020年2月份制造业PMI仅为预期值的77.6%，非制造业PMI仅为预期值的58.6%。所以，加快从疫情防控阻击战向"六稳"攻坚战的转变刻不容缓。

第一，宏观政策坚持定向扶持，不搞大水漫灌。由于宏观经济进入相对低迷,货币政策和财政政策需要有足够大的动作,特别是要保障不使中小企业因债务链条中断而倒闭,不要在复工复产过程中造成流动性不足,并且推动新创企业成长。但是,鉴于此次情况的非典型、非常规性质,传统的刺激宏观景气手段和大水漫灌的方式可能打不到痛点,需要扩大政策工具箱,恰当选择对应的组合性手段,针对即时、近期和中期目标综合运用。即时目标是聚焦于扶助中小企业复工复产,并保持新增注册企业势头,着眼于鼓励居民消费。

第二,近期和2020年全年的着力点是恢复消费。居民消费的意义巨大,恢复消费的关键是信心,而信心来自于民生保障的确定性。货币政策和财政政策的关注点应放在扶持就业、保障民生、恢复消费方面。具有较大挖掘潜力的消费有三类。一是可补偿性消费。2003年"非典"后消费就有一个巨大的补偿性增长。二是可替代性消费。主要是以效用相近的消费替代受疫情影响的消费。三是可引导性消费。文化领域的消费既有可替代性,又可以通过引导迅速扩大。

具体来说,需要从以下几个方面着眼着力,把保障民生、恢复消费和稳定增长相结合:确保"米袋子""菜篮子"等基本生活品的充分供给和价格总体稳定;鼓励新创产品和新型服务领域发展,释放与健康生活相关的消费潜力;率先推动线上交易,带动线下交易,促进市场恢复活力;合理刺激大宗商品和耐用消费品的购买。

第三,疫情过后要着力维护和修补供应链。中小企业在国内供应链中处于供货合同的劣势地位,就单个企业来说供货链条中断后难以修补,但无论哪个企业进行生产,终究有对供货方的需求,所以整体而言供应链可随着经济活动的恢复得到维持。为此,要加大政策支持,着眼于恢复和促进经济活力,保持新成长企业的不断涌现。国际供应链断裂后则会把订单甚至产能转移到其他国家,恢复起来难度很大。因此,疫情后的中近期目标是把减税降费减负政策,瞄准于中小企业和参与全球供应链的企业,同时进一步加大对外开放力度,通过稳定我国制造业占 GDP 比重,保持我国制造业在全球供应链的地位。